Marcel Ammann

Einfluss der Kundenloyalität im Social Media Marketing

Was Kunden wirklich von Unternehmen erwarten

Diplomica® Verlag GmbH

Ammann, Marcel: Einfluss der Kundenloyalität im Social Media Marketing: Was Kunden wirklich von Unternehmen erwarten. Hamburg, Diplomica Verlag GmbH 2012

ISBN: 978-3-8428-8899-9
Druck: Diplomica® Verlag GmbH, Hamburg, 2012

Bibliografische Information der Deutschen Nationalbibliothek:
Die Deutsche Nationalbibliothek verzeichnet diese Publikation in der Deutschen Nationalbibliografie; detaillierte bibliografische Daten sind im Internet über http://dnb.d-nb.de abrufbar.

Die digitale Ausgabe (eBook-Ausgabe) dieses Titels trägt die ISBN 978-3-8428-3899-4 und kann über den Handel oder den Verlag bezogen werden.

Dieses Werk ist urheberrechtlich geschützt. Die dadurch begründeten Rechte, insbesondere die der Übersetzung, des Nachdrucks, des Vortrags, der Entnahme von Abbildungen und Tabellen, der Funksendung, der Mikroverfilmung oder der Vervielfältigung auf anderen Wegen und der Speicherung in Datenverarbeitungsanlagen, bleiben, auch bei nur auszugsweiser Verwertung, vorbehalten. Eine Vervielfältigung dieses Werkes oder von Teilen dieses Werkes ist auch im Einzelfall nur in den Grenzen der gesetzlichen Bestimmungen des Urheberrechtsgesetzes der Bundesrepublik Deutschland in der jeweils geltenden Fassung zulässig. Sie ist grundsätzlich vergütungspflichtig. Zuwiderhandlungen unterliegen den Strafbestimmungen des Urheberrechtes.

Die Wiedergabe von Gebrauchsnamen, Handelsnamen, Warenbezeichnungen usw. in diesem Werk berechtigt auch ohne besondere Kennzeichnung nicht zu der Annahme, dass solche Namen im Sinne der Warenzeichen- und Markenschutz-Gesetzgebung als frei zu betrachten wären und daher von jedermann benutzt werden dürften.

Die Informationen in diesem Werk wurden mit Sorgfalt erarbeitet. Dennoch können Fehler nicht vollständig ausgeschlossen werden, und der Diplomica Verlag, die Autoren oder Übersetzer übernehmen keine juristische Verantwortung oder irgendeine Haftung für evtl. verbliebene fehlerhafte Angaben und deren Folgen.

© Diplomica Verlag GmbH
http://www.diplomica-verlag.de, Hamburg 2012
Printed in Germany

Inhaltsverzeichnis

Abbildungsverzeichnis 6

Abkürzungsverzeichnis 7

1. Einleitung 9
    1.1. Problemstellung 9
    1.2. Ziel dieses Buchs 10
    1.3. Gang der Untersuchung 11
2. Kundenbindungsinstrumente im Vergleich 13
    2.1. Klassische Kundenbindungsinstrumente der Kommunikationspolitik 16
    2.2. Moderne Kundenbindungsinstrumente: Soziale Medien 22
        2.2.1. Blogs 23
        2.2.2. Microblogs 28
        2.2.3. Foto- und Video-Communities 30
        2.2.4. Podcasts 32
3. Kundenbindung: Vom Kunden zum Fan 38
    3.1. Kundenloyalität 42
        3.1.1. Kundenzufriedenheit 45
        3.1.2. Kundenorientierung 57
    3.2. Kundenwert 61
    3.3. Kundenfluktuation & Kundenrückgewinnung 68
4. Social-Media: Unternehmensziele, Kennzahlen und der mögliche Weg zur Bestimmung des ROI 72
5. Fazit 83

Literaturverzeichnis 86

Zeitschriftenverzeichnis 90

Internetquellenverzeichnis 91

Abbildungsverzeichnis

Abbildung 1: Instrumente des Kundenbindungsmanagements 15
Abbildung 2: Typologisierung von Kundenclubs 19
Abbildung 3: Einsatzmöglichkeiten von Corporate-Blogs 25
Abbildung 4: Kundenbindung aus unterschiedlichen Perspektiven 39
Abbildung 5: Sichtweise von Kundenloyalität und Kundenbindung 41
Abbildung 6: Confirmation/Disconfirmation-Paradigma 47
Abbildung 7: Verfahren zur Messung der Kundenzufriedenheit und Kundenbindung 49
Abbildung 8: Beispielfragen für CSI und CLI 55
Abbildung 9: Kundenerwartung an Unternehmen in den sozialen Medien 59
Abbildung 10: Social Customer Livetime Value 66
Abbildung 11: Social Media Balanced Scorecard 73
Abbildung 12: KPIs der sozialen Medien 74
Abbildung 13: Issue Resolution Rate 76
Abbildung 14: Issue Resolution Time 76
Abbildung 15: Statisfaction Score 77
Abbildung 16: Share of Voice 78
Abbildung 17: Promotion Verkäufe 80
Abbildung 18: Zeitleiste der Aktivitäten: Einfluss auf Besucher- und Umsatzzahlen 82

Abkürzungsverzeichnis

B2B	Business to Business
B2C	Business to Consumer
BSC	Balanced Score Card
CIT	Critical Incident Technique
CLI	Customer Loyalty Index
CRM	Customer Relationship Management
CSI	Customer Satisfaction Index
DAX	Deutscher Aktien Index
FRAB	Frequenz-Relevanz-Analyse von Beschwerden
FRAP	Frequenz-Relevanz-Analyse von Problemen
KPI	Key Performance Indicator
LBS	Location-Based Services
NPS	Net Promotor Score
PR	Public Relations
ROI	Return on Investment
RSS	Realy Simple Syndication
SCRM	Social Customer Relationship Management
SMBSC	Social Media Balanced Score Card
SMM	Social Media Marketing
UGC	User generated content
URL	Uniform Resource Locators
US	United States

1. Einleitung

1.1. Problemstellung

Der Begriff „Web 2.0" prägt schon seit mehreren Jahren unser Leben, wenn wir über das Medium Internet sprechen. Heute ergibt der Suchbegriff „Web 2.0" bei der Suchmaschine Google über 509 Millionen Suchergebisse.[1] „Web 2.0" bezieht sich neben verschiedenen spezifischen Technologien und Innovationen, wie zum Beispiel Cloud Computing, primär auf eine geänderte Nutzung und Wahrnehmung des Internets und dessen Anwendungen durch die Benutzer.[2] Das Internet der „Vergangenheit" bzw. ein „Web 1.0" gab es in Wirklichkeit nie. Der Unterschied, welcher vorher bestand, lag unter anderem in der Art der Kommunikation zwischen Unternehmen und Endverbrauchern. One-to-One bzw. One-to-Many-Kommunikation war durch mangelnde Leitungskapazitäten und eine nicht ausreichend performante Computerhardware der Standard. Das Internet diente der reinen Informationsbeschaffung, dem Präsentieren von Unternehmenswebseiten und einfacher eMail-Kommunikation. Der Begriff „Web 2.0" prägte den Aufbau von neuen Plattformen der Kommunikation und Kollaboration, welche sich heute in einer Many-to-Many Kommunikation äußert und sich in einer stetig wachsenden Anzahl von aktiven Internetbenutzern niederschlägt.[3] Im Rahmen der Veränderung der Kommunikation durch das „Web 2.0" prägen die sozialen Medien immer mehr unser tägliches Leben.

In Deutschland leben rund 81 Millionen Menschen[4], von denen mindestens 51,7 Millionen im Internet aktiv sind.[5] Laut einer aktuellen Studie im Auftrag der BITKOM sind 74 Prozent der deutschen Internetnutzer in mindestens einem sozialen Netzwerk angemeldet oder nutzen andere Social-Media-Plattformen. 66 Prozent der deutschen Internetnutzer sind aktive Nutzer von sozialen Netzwerken. Die jüngere Generation, die Gruppe der Befragten unter 30 Jahren, übernimmt mit 92 Prozent aktiver Nutzer den ersten Platz. Dicht dahinter kommt die Nutzergruppe der 30-49-

---

[1] Stand 15. Juni 2012
[2] Vgl. Fraunhofer FIT (2012)
[3] Vgl. Knappe/Kracklauer (2007), S. 65 ff.
[4] Vgl. Statistisches Bundesamt (2012)
[5] Vgl. van Eimeren/Frees (2011)

Jährigen mit 72 Prozent. Die Generation über 50 Jahren ist zur Hälfte auch in sozialen Netzwerken aktiv.[6]

Es gibt verschiedene Arten von sozialen Medien. Beispiele sind hier Foren, Blogs, Microblogs, Mediasharing Plattformen und soziale Netzwerke. Durch die stetige Veränderung der Informationstechnologie und wachsende Informationsvielfalt kommen fast täglich neue Plattformen hinzu. Die sozialen Medien und ihre unzähligen Werkzeuge sind aus Sicht der Unternehmen die Basis für die Verbreitung von Produkt- und Dienstleistungsneuheiten, neue und innovative Kundenserviceangebote und Werbung. Diese webbasierten Plattformen können für Unternehmen ein modernes Marketingwerkzeug sein mit dem Ziel der Neukundengewinnung sowie der Bestandskundenpflege. Die sozialen Medien werden heute vielfach als weiterer Kundenkontaktkanal zur langfristigen Kundenbetreuung gesehen.[7]

Dass die sozialen Medien nicht mehr nur ein „Hype" sind, zeigt nicht nur die ständig wachsende Zahl von Nutzern, sondern auch die steigende Anzahl von Unternehmensauftritten in den sozialen Medien. Von den 30 DAX Unternehmen sind schon alleine 28 in sozialen Medien vertreten. Acht Unternehmen sind sogar in mehr als zwei sozialen Medien aktiv.[8] Durch die steigenden Anzahl von aktiven Benutzern in sozialen Medien und dem Börsengang des US-Konzerns Facebook[9] ergibt sich die Fragestellung, ob es möglich ist, durch soziale Medien eine höhere Kundenbindung zu erreichen, welche Methoden es gibt, höhere Kundenaktivität durch soziale Medien zu messen und einen möglichen Return on Investment (ROI) zu bestimmen.

1.2. Ziel dieses Buchs

Das Ziel dieses Buchs ist es, darzustellen, ob es möglich ist, mit den Instrumenten der sozialen Medien die Kundenbindung zu steigern. Es muss geprüft werden, welchen Nutzen sich die Konsumenten von Unternehmen versprechen, die soziale Medien als Marketinginstrument einsetzen. Begutachtet wird, welche Vor- und Nachteile die sozialen Medien gegenüber klassischen Kundenbindungsinstrumenten

---

[6] Vgl. Huth/Arns/Budde (2011)
[7] Vgl. Gentsch (2012)
[8] Vgl. Paetzel (2011)
[9] Vgl. Geldner (2011)

wie z.B. Kundenclubs und Kundenkarten haben. Geprüft werden muss, ob sich der Einsatz der sozialen Medien für jedes Unternehmen eignet, um die Kundenbindung zu steigern. Es soll dargestellt werden, wie Kundenbindung entsteht, wie diese gemessen werden kann und welche Methoden und Strategien durch die Unternehmen heute genutzt werden. Ziel ist es, Möglichkeiten zu eruieren, die Kundenzufriedenheit durch die sozialen Medien anhand von KPIs zu messen. Des Weiteren folgt eine Prüfung, welche Methoden genutzt werden können, um die Reichweite einer Social-Media-Marketing-Kampagne am Point of Sale zu bewerten und ob sich der Einsatz der sozialen Medien auf den ROI auswirkt.

1.3. Gang der Untersuchung

Nach der Einleitung in das Thema erfolgt in Kapitel 2 eine Einführung in die Kundenbindungsinstrumente. Es werden neben den klassischen Kundenbindungsinstrumenten, wie Kundenclubs und Kundenkarten, auch die Erscheinungsformen der sozialen Medien betrachtet und wie diese als moderne Kundenbindungsinstrumente durch Unternehmen genutzt werden. Die verschiedenen Erscheinungsformen der sozialen Medien wie Blogs, Microblogs, Foto- und Video-Communities, Podcasts und soziale Netzwerke werden vorgestellt und die grundsätzlichen Funktionen und Strategien zur möglichen Steigerung der Kundenbindung aus Sicht der Unternehmen erläutert.

In Kapitel 3 erfolgt die Darstellung der verschiedenen Sichten der Kundenbindung. Es wird erklärt, wie Kundenbindung durch die Förderung von Kundenzufriedenheit entsteht. Danach werden Methoden dargestellt, die die Kundenbindung und die Kundenzufriedenheit bewerten und messen können. Es wird erläutert, welche Methoden von Unternehmen bereits heute genutzt werden, um die sozialen Medien im Rahmen der Kundenorientierung einzusetzen. Folgend wird dargestellt, welche Methoden es gibt, um zu entscheiden, ob der Einsatz der sozialen Medien sinnvoll sein kann, wie der Wert eines Kunden dargestellt wird und welche Nutzer in den sozialen Medien besonders wichtig sind. Am Ende des Kapitels wird dargestellt, ob sich die sozialen Medien dazu einsetzen lassen, Kundenfluktuation zu vermeiden und ob diese zur Kundenrückgewinnung eingesetzt werden können.

Kapitel 4 beinhaltet Methoden, um Ergebnisse wie Verbesserung der Kundenzufriedenheit und Veränderungen des Bekanntheitsgrades durch den Einsatz von sozialen

Medien zu messen. Es wird beschrieben, wie Unternehmen Rückschlüsse einer Social-Media-Marketing-Kampagne am Point of Sale messen können und wie letztendlich der Return on Investment (ROI) näherungsweise bestimmt werden kann.

2. Kundenbindungsinstrumente im Vergleich

Kundenbindungsinstrumente dienen dem Aufbau, Erhalt und Pflege einer längerfristigen Beziehung zwischen Kunden und Unternehmen. Der technologische Wandel, gesättigte Märkte und eine zunehmende Wettbewerbsintensität führen dazu, dass Unternehmen verstärkt auf die Bestandskundenpflege Wert legen. Aus unternehmerischer Sicht wird es immer schwerer und teurer, Neukundenakquise zu betreiben.[10] Deshalb ist es bei den meisten Unternehmen ein Ziel, die bestehenden Kunden dauerhaft zu binden.[11] Die dafür genutzten Kundenbindungsinstrumente sind jedoch nicht nur für die Bestandskundenpflege wichtig, sondern können einem potenziellen Kunden auch als Zusatzleistung angeboten werden. Das Ziel ist es, Mehrwerte oder sogar ein oder mehrere Alleinstellungsmerkmale im Wettbewerbsvergleich zu bieten und den Kunden vom Unternehmen, dem Produkt oder der Dienstleistung zu überzeugen und durch das eingesetzte Instrument weiter zu binden.[12] Kundenbindung kann einerseits erreicht werden durch faktische Barrieren wie z.B. Vertragsbindung oder hohe Wechselkosten, aber auch durch psychologische Barrieren. Psychologische Barrieren sind Zufriedenheit, Vertrauen, emotionale Verbundenheit und die Identifikation mit dem Unternehmen. Sowohl klassische als auch moderne Kundenbindungsinstrumente verfolgen immer mehr die Strategie der psychologischen Wechselbarrieren.[13]

Kundenbindungsinstrumente werden unterschieden in preis-, produkt-, vertriebs- und kommunikationspolitische Instrumente (Abbildung 1). Bei isolierter Betrachtung der einzelnen Instrumente dienen preispolitische Kundenbindungsinstrumente dazu, dem Kunden monetäre Vorteile zu gewähren. Hierbei erfolgt der Anreiz zur Kundenbindung über Rabatt und Bonussysteme, über die eine für den Kunden positive Wechselbarriere entsteht. Produktpolitische Instrumente haben den Fokus den Kunden durch hohen Nutzen, bestehend aus Grund- und Zusatznutzen, zu binden. Maßnahmen sind hohe Qualitäts- und Servicestandards sowie Zusatzleistungen, Leistungsgarantien und besondere Produktdesigns. Die distributionspolitischen Instrumente sollen die logistischen Prozesse für den Kunden vereinfachen. Der Kunde soll auf

---
[10] Vgl. Bergmann (1998), S. 38 u. Hettler (2010), S. 151
[11] Vgl. Neumann (2011)
[12] Vgl. Baas (1999), S. 46 ff.
[13] Vgl. Förster (2002), S. 26

einfachen und unkomplizierten Wegen seine Güter beschaffen können. Durch die Einfachheit der Bestellmöglichkeiten und den darüber hinaus gut arbeitenden Distributionsprozessen wird der Kunde zufriedengestellt und fühlt sich dem Unternehmen verbundener. Die kommunikationspolitischen Instrumente haben dabei die Strategie, einen ständigen Dialog über verschiedene Kundenkontaktkanäle mit dem Kunden zu führen. Durch die Integration von verschieden Kommunikationskanälen z.B. durch Kundenclubs, Zeitschriften, Marketingevents, Internetaktivtäten etc. wird vom Unternehmen versucht, den Kunden weiter an sich zu binden.

Abbildung 1: Instrumente des Kundenbindungsmanagements

Instrumentenbereich	Primäre Wirkung	Fokus: Interaktion	Fokus: Zufriedenheit	Fokus: Wechselbarrieren
Produktpolitik		- Gemeinsame Produktentwicklung - Internalisierung/ Externalisierung	- Qualitätsstandards - Servicestandards - Zusatzleistungen - Produktdesign - Leistungsgarantien	- Individuelle technische Standards - Value-Added-Services
Preispolitik		- Kundenkarten (bei reiner Datenerhebung)	- Preisgarantien - Zufriedenheitsabhängige Preisgestaltung	- Rabatt- u. Bonussysteme - Preisdifferenzierung - Finanzielle Anreize - Kundenkarten (bei Rabattgewährung)
Kommunikationspolitik		- Direkt Mail - Event-Marketing - Online-Marketing - Servicenummern - Kundenforen - Kundenforen/-beiräte - Soziale Medien	- Kundenclubs - Kundenkarten (in Verbindung mit Kundenclubs) - Kundenzeitschriften - Telefonmarketing - Beschwerdemanagement - Persönliche Kommunikation	- Kundenmailings - Aufbau kundenspezifischer Kommunikationskanäle
Distributionspolitik		- Internet/Gewinnspiele - Produkt Sampling - Werkstattbesuche	- Online Bestellung - Katalogverkauf - Direktlieferung	- Abonnements - Kundenorientierte Standortwahl

Quelle 1: Eigene Darstellung in Anlehnung Bruhn/Homburger (2008), S.22

Die heutige Strategie der Unternehmen ist nicht mehr, Kundenbindungsinstrumente wie oben beschrieben isoliert zu betreiben, sondern einen Kundenbindungsinstrumente-Mix anzuwenden. Klassische Beispiele des Kundenbindungsinstrumente-Mix sind Kundenclubs oder Kundenkarten. Diese Kundenbindungsinstrumente bedienen sich der vier verschiedenen Instrumente-Bereiche, indem sie die Preispolitik durch Rabatt und Bonussysteme, die Produktpolitik durch Zusatzleistungen, die Distributionspolitik durch z.B. Werksverkauf und Kommunikationspolitik durch Events vereinen.[14]

2.1. Klassische Kundenbindungsinstrumente der Kommunikationspolitik

Kundenbindungsinstrumente lassen sich dazu einsetzen, um Zusatzleistungen für den Kunden zu generieren und um dessen Zufriedenheit und dessen Verbundenheit zum Unternehmen zu steigern.[15] Zudem dienen die zum Teil für den Kunden kostenlosen Zusatzleistungen dem Unternehmen, um sich einen Wettbewerbsvorteil durch einen oder mehrere Mehrwerte, im Vergleich zum Wettbewerb, zu verschaffen. Klassische Kundenbindungsinstrumente im Bereich der Kundenbindungsprogramme auf Basis der Kommunikationspolitik sind z.B. Kundenclubs und Kundenkarten. Kundenclubs und Kundenkarten sollen sich nicht nur positiv auf die Kundenbindung auswirken, sondern auch aus unternehmerischer Sicht die Wachstums-, Gewinn- und Sicherheitsziele planbarer machen.[16] Diese beiden Kundenbindungsinstrumente sind meist miteinander verbunden und jedes Kundenclubmitglied erhält meist auch eine Kundenkarte.[17]

Kundenclubs gibt es sowohl im Geschäftskundenumfeld (B2B), als auch im Privatkundensektor (B2C) und sind Teil des Beziehungsmanagements. Der Kundenclub bietet dem Kunden die Vorteile einer höheren Informationsvielfalt, die Unterstützung als indirekte Zusatzleistung, den Aufbau einer persönlichen Beziehung zum Unternehmen, einen besseren Kundenstatus, sowie weitere ökonomische Vorteile.[18] Die Unternehmensziele in allen Kundenclubs sind es, Informationen über die Bedürfnisse

---

[14] Vgl. Bruhn/Homburger (2008), S. 22 ff.
[15] Vgl. Rothlauf (2010), S. 69
[16] Vgl. Bruhn/Homburger (2008), S. 331
[17] Vgl. Recklies (2001)
[18] Vgl. Recklies (2001)

der Kunden zu erlangen, das Sammeln von Kundendaten zu Marktforschungszwecken, die Wahrnehmung des Unternehmens zu stärken und dadurch eine emotionalere Verbundenheit zum Unternehmen aufzubauen. Die Vorteile für ein Unternehmen sind, neben dem Aufbau einer höheren Kundenbindung, gezielte Werbekampagnen, die Förderung von Mund-zu-Mund-Propaganda und die Kundenselektion.[19] Ziel der Kundenselektion ist es, eine Homogenität der Kundengruppen zu erreichen, um die Leistungsangebote so genau wie möglich auf diese abzustimmen. Je größer die Heterogenität der Zielgruppe, umso teurer ist das Kundenbindungsprogramm für das Unternehmen und wirkt sich negativ auf die Effizienz und Effektivität des Programms aus. Ebenso wird mit der Selektion die Strategie verfolgt, nur eine Teilmenge der Kunden für Kundenclubs zu begeistern. Der Grund ist, dass sowohl für den Kunden als auch das Unternehmen evtl. kein großes Bindungsinteresse da ist. Sowohl historische, als auch zukunftsorientierte ökonomische und qualitativ hochwertige Kundenbeziehungen werden durch das Unternehmen präferiert.[20]

So werden die Käufergruppen, die ein Bindungsinteresse haben, möglichst in fünf Kategorien eingeteilt (Abbildung 2):

- Sporadische Käufer (Kundenvorteilsclub)
- Schlüsselkunden (Life-Style-Club)
- Heavy User (Produktinteressenclub)
- Kunden mit hoher Affinität bzw. hohen Markenbewusstsein (Fan-Club)
- Besondere Personen (VIP-Club)

Die sporadischen Käufer sind für das Unternehmen interessant, da die Intensivierung der Kundenbeziehung durch z.B. Kundenvorteilsprogramme zu einem höheren Kontakt und einer höheren Kauffrequenz führen kann. Das Potenzial der Kunden ist nicht ausgeschöpft, es besteht aber aus Kundensicht eine Verbundenheit zum Unternehmen. Dieses kann gerade bei Kunden aus Branchen mit längeren Kaufzyklen und austauschbaren Leistungen zur Kundenbindung durch einen Kundenvorteilsclub genutzt werden. Durch besondere Serviceleistung, exklusive Angebote oder Prämien wird eine höhere Verbundenheit gefördert. Sogenannte Schlüsselkunden sind bereits rentabel für das Unternehmen und benötigen eine Wertschätzung ihrer

---

[19] Vgl. Kenning (o.J.)
[20] Vgl. Holz/Tomczak (1996), S. 9

Treue, da sie einen gehobenen und extravaganten Lebensstil haben. Die Wertschätzung dient der dauerhaften Stabilisierung der Kundenbeziehung durch einen Lifestyle-Club. Erreicht wird dieses durch besondere Serviceleistung und Events. Die Kundengruppe der „Heavy User" und Käufer, die Produkte erwerben, welche einen hohen Erklärungsbedarf sowie ein hohes Nutzungs- und Anwendungspotenzial haben, müssen ebenfalls selektiert werden. Diese Kundengruppe wird durch Kundenbindungsprogramme gefördert, da hier ein hohes Cross-Selling-Potenzial gesehen wird. Ebenfalls wird in den Kundenprogrammen der sogenannte Heavy User die Akzeptanzschwelle für erklärungsbedürftige Produkte abgebaut. Die Kundenbindung wird durch Produktinteressensgruppen gefördert. Diese verfolgen einen besseren Kundendialog durch z.B. Zeitschriften, Newsletter oder spezielle Informationsveranstaltungen. Die Kundengruppe mit hoher Affinität bzw. hohem Markenbewusstsein ist wertvoll für das Unternehmen, da diese eine starke Verbundenheit hat. Diese Kundengruppe dient der Markenpflege. Sie fördert das Image der Marke und identifiziert sich mit dieser. Die Mitglieder der Gruppe sprechen Weiterempfehlungen aus, welche zu neuen Kunden führen kann. Fan-Clubs haben auch dieses Ziel, besondere Zusatzleistungen durch das Kundenbindungsprogramm zu erhalten, wie z.B. hohe Rabatte, besseren Kundenservice und Prämiensysteme. Besondere Personen aus Gesellschaft, Politik oder der Wirtschaft sind interessant für einen VIP-Kundenclub. Diese Kundengruppe fördert auch das Image des Unternehmens. Jedoch verlangt diese Kundengruppe eine besondere Exklusivität bei Zusatz- und Serviceleistungen. Ziel ist es, eine feste Verbundenheit zum Unternehmen aufzubauen und dadurch nicht nur ein hohes Unternehmensimage zu erreichen, sondern auch umsatzstarke Stammkunden zu generieren.[21]

---

[21] Vgl. Butscher (1997), S. 11 ff.

Abbildung 2: Typologisierung von Kundenclubs

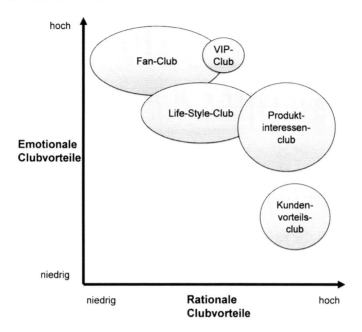

Quelle 2: Eigene Darstellung in Anlehnung an Diller/Frank (1996), S.11

Die Differenzierung innerhalb der Gruppen unterscheidet sich in der Strategie und den damit verbundenen Leistungen zur Förderung der Kundenbindung. Durch die kundenorientierten Maßnahmen innerhalb der Kundenclubs steigt nicht nur die Kundenzufriedenheit, es ist auch davon auszugehen, dass die Verbundenheit zum Unternehmen steigt. Dieses zeigt auch die Studie „Empirische Überprüfung der Bindungswirkung von Kundenclubs". In dieser wurde festgestellt, dass die Beziehungszufriedenheit und die Kundenbindung von Clubmitgliedern höher ist als von Nichtmitgliedern. Förderlich war der Kundenclub auch für die Weiterempfehlungsabsicht und die Wiederkaufbereitschaft der Kunden. Positiv beeinflusste der Kundenclub auch die Identifikation und das Vertrauen ins Unternehmen. Dieses zeigt, dass eine hohe Kundenzufriedenheit durch den Einsatz dieses Instruments der Kundenbindung dient.[22] Eine dauerhafte Kundenbindung steigert den Kundenwert, da der

---

[22] Vgl. Stauss (2001)

Kunde bereit ist, nicht nur Folgekäufe zu tätigen, sondern auch Weiterempfehlungen auszusprechen.[23]

Positiv sind Kundenclubs auch darin zu sehen, dass Kunden sich zu einer Gruppe zusammenschließen, Erfahrungen miteinander austauschen und dadurch bessere Leistungen erhalten können. Hierdurch entsteht ein Abschottungseffekt der Kunden gegenüber Wettbewerbern, welcher auch zu einer höheren Bindung führen kann.[24] Kritisch hingegen ist jedoch die Tatsache, dass es evtl. nicht gewünscht ist, dass die Kundenclubs innerhalb eines Unternehmens untereinander kommunizieren, da unterschiedliche Leistungen durch die Kundenclubs bezogen werden können. Durch diese Tatsache kann es zu Missgunst unter den verschiedenen Kundenclubs kommen. Kritisch ist auch die Erhebung von Kundendaten zu Marktforschungszwecken. Diese sind zwar für das Unternehmen wertvoll, jedoch ist dieses je nach Ausprägung ein Eingriff in die Persönlichkeitsrechte des Kunden. Ein weiterer Kritikpunkt ist auch evtl. vorhandene Barrieren in Form von Mitgliedsbeiträgen, welche durch den Kunden getragen werden müssen. Entsprechende Barrieren bieten dem Kundenkreis zwar eine Exklusivität, können aber bei anderen Kunden zu einer Unzufriedenheit führen. Aus Unternehmenssicht sind Kundenclubs zwar ein Kundenbindungsinstrument, jedoch stehen dem auch langfristige Investitionen in der Aufrechterhaltung der Clubs gegenüber. Eine Auflösung des Kundenclubs kann sich ebenfalls negativ auf die Kundenbindung auswirken.[25]

Kundenkarten hingegen sind meist offene Programme, welche für Kunden attraktiv sind, da diese an Rabatte oder Prämienprogramme gekoppelt sind. Der Kunde erhält bei jedem Kauf z.B. einen Rabatt oder sammelt Treuepunkte, die er bei Überschreitung einer Grenze gegen eine Prämie eintauschen kann.[26] Primäres Ziel dieses Instruments ist eine Verbesserung der Kundenbindung durch Vergünstigungen und dadurch das Kaufverhalten des Kunden positiv zu beeinflussen. Ein weiteres Ziel ist die Verbesserung der Kundenkenntnis, da durch die Benutzung der Kundenkarte das Kaufverhalten durch das Unternehmen analysiert werden kann. Durch die Verbesserung der Kundenkenntnis ist es möglich, gezieltere Kundenbindungsmaßnamen

---

[23] Vgl. Bruhn/Homburger (2008), S. 330 ff.
[24] Vgl. Absatzwirtschaft (1996), S. 108
[25] Vgl. Bruhn/Homburger (2008), S. 330 ff.
[26] Vgl. TNS Emnid (2010)

durchzuführen. Dieses wird nicht nur durch gezielte Werbemaßnahmen erreicht. Durch die Analyse des Kaufverhaltens ist es möglich, im Dialog mit dem Kunden Produkte zu verbessern und Anwendungsprobleme in Erfahrung zu bringen. Durch diesen Kundendialog ist es möglich, eine emotionale Bindung zu schaffen und das Unternehmensimage zusätzlich zu fördern.[27]

Das wohl größte Kundenkartenprogramm in Deutschland betreibt PAYBACK mit 18 Millionen Karteninhabern.[28] Die PAYBACK-Karte ist ein Prämiensystem, mit dem der Kunde Punkte sammelt und diese gegen Prämien eintauschen kann. Neben dem Prämiensystem kann die Karte, je nach Kundenwunsch, auch als Zahlungsmittel genutzt werden. Dieses erfolgt in Form einer Electronic Cash Karte oder einer Kreditkarte.[29] Die Unternehmen, welche mit PAYBACK zusammen arbeiten, profitieren auch, wie oben beschrieben, aus den gewonnenen Kundendaten. Die Daten enthalten Informationen über das Kaufverhalten der Kunden und teilnehmenden Unternehmen können diese für Marketingzwecke nutzen. Ziel ist es, Up- und Cross-Selling zu fördern, Neukunden zu gewinnen und den Image- bzw. Markenaufbau zu betreiben.[30]

Eine Kundenumfrage im Auftrag des TNS Emnid ergab, dass es den Kunden wichtig ist, eine Kundenkarte bei mehreren Unternehmen einzusetzen.[31] Der Einsatz der PAYBACK Karte erfüllt genau diese Anforderung der Kunden. Dieses ist zwar aus Kundensicht praktisch, bindet aber nicht zwingend den Kunden an nur ein Unternehmen. Aus Kundensicht wird auch bemängelt, dass die Anzahl der Kundenkarten viel zu groß ist und dadurch der Überblick verloren geht.[32] Weiterer Kritikpunkt ist, dass diese in die Persönlichkeitsrechte eingreifen und der Kunde dadurch transparent für das Unternehmen wird.[33] Kritisch sind die Kundenkarten auch zu sehen in der Hinsicht, dass es nicht einfach ist, bei Unrentabilität des Kundenbindungsprogramms dieses wieder einzustellen. Das Einstellen des Kundenkartenprogramms führt je nach Anzahl der Nutzer zu einem Imageschaden des Unternehmens. Zu

---

[27] Vgl. Bruhn/Homburger (2008), S. 330 ff.
[28] Vgl. N-TV (2010)
[29] Vgl. Payback (2012a)
[30] Vgl. Payback (2012b)
[31] Vgl. TNS Emnid (2010)
[32] Vgl. TNS Emnid (2010)
[33] Vgl. BigBrotherAwards Deutschland (2006)

unterschätzen sind auch nicht die Kosten der damit verbundenen Kundenkarte, sowie der Pflegeaufwand der Kunden und der Prämien. Kritisch ist auch die Art der Verbundenheit durch den Besitz einer Kundenkarte zu sehen, da der Besitz durch den Kunden nicht automatisch zu einer Kundenbindung führt. Dieses hängt unter anderem vom Bedarf des Kunden ab, sowie von wirtschaftlichen Faktoren und der Attraktivität des Prämiensystems. Zudem führt auch der Besitz einer Kundenkarte nicht automatisch zu besserem Kundenservice, da dieses meist nicht die Strategie ist, die das Unternehmen damit verfolgt.[34]

2.2. Moderne Kundenbindungsinstrumente: Soziale Medien

Die sozialen Medien sind ein Bündel von internetbasierten Anwendungen. Im Vordergrund der sozialen Medien steht es, sozial zu interagieren. Sie dienen dem Austausch von nutzergenerierten Inhalten, dem sogenannte „User generated content" (UCG).[35] Die sozialen Medien sind internetbasierte Plattformen mit unterschiedlichen Funktionen und unterscheiden sich in der Nutzungsart der Konsumenten. Es gibt Social-Media-Plattformen, welche den Zweck haben, miteinander zu spielen, andere dienen dem Austausch von multimedialen Inhalten. Wiederum andere Plattformen dienen dem Informationsaustausch oder dem Aufbau von Wissen. Die meisten Social-Media-Plattformen sind auf Many-to-Many-Kommunikation ausgelegt und sind für einen großen Nutzerkreis entworfen worden. Es kommunizieren und vernetzen sich Menschen in unterschiedlichen Kulturen aufgrund von Interessen, Hobbys, des gleichen Freundeskreises oder weil diese zusammen arbeiten.[36]

Die sozialen Medien gewinnen zunehmend an kommerzieller Bedeutung und werden seit geraumer Zeit als Instrument zur Verbesserung der Kundenzufriedenheit und zur Steigerung der Kundenbindung gesehen.[37] Dieses zeichnet sich nicht nur durch den Einsatz von Public Relations (PR) ab, sondern auch in einer zunehmenden Anzahl von Kundenserviceangeboten in den sozialen Medien.[38] Der technologische Wandel, gesättigte Märkte und eine zunehmende Wettbewerbsintensität führen dazu, dass

---

[34] Vgl. Bruhn/Homburger (2008), S. 331 ff.
[35] Vgl. Meffert/Burmann/Kirchgeorg (2012), S. 666
[36] Vgl. Grabs/Bannour (2011), S. 22 ff.
[37] Vgl. Sjurts (2011) u. Hettler (2010), S. 117
[38] Vgl. Bovensiepen/Müller (2011)

Unternehmen verstärkt auf die Bestandskundenpflege Wert legen. Aus unternehmerischer Sicht wird es immer schwerer und teurer, Neukundenakquise zu betreiben,[39] deshalb ist es ein Unternehmensziel, die bestehenden Kunden dauerhaft z.B. durch besondere Serviceleistungen zu binden.[40] Die Art der Kundenbindung in den sozialen Medien ist aus Kundensicht freiwillig und kann durch das Unternehmen in keiner Weise erzwungen werden. Die vom Kunden ausgehende Verbundenheit baut somit, wie bei einem Kundenclub und der Kundenkarte, auf psychologischen Barrieren auf. Laut der Studie „Social-Media-Marketing Industry 2012" sind 83 Prozent der Befragten der Meinung, dass der Einsatz von Social Media wichtig für ihr Unternehmen ist.[41] Dieses liegt unter anderem daran, dass von den 81 Millionen Menschen 51,7 Millionen im Internet aktiv sind.[42] 74 Prozent dieser sind mindestens in einem sozialen Netzwerk oder einer ähnlichen Plattform angemeldet.[43] Dieses bedeutet im Vergleich zu den klassischen Kundenbindungsinstrumenten ein deutlich größeres Potenzial, da die klassischen Kundenbindungsinstrumente zwar etablierter sind, aber nicht so eine große Reichweite haben. Nachfolgend werden einzelne Social-Media-Plattformen vorgestellt und deren Funktionen beschrieben. Die Funktionen der Plattformen werden dargestellt, mit dem Zweck zu erläutern, welche Möglichkeiten diese zur Steigerung der Kundenzufriedenheit haben und wie sie Einfluss auf die Kundenbindung nehmen können.

2.2.1. Blogs

Die Bezeichnung Blog ist die Abkürzung für Weblog und ist eine typische Anwendung des Web 2.0.[44] Blogs existieren schon mehr als 14 Jahre.[45] Der Blog ist im Gegensatz zur Homepage eine Art elektronisches Tagebuch des Betreibers.[46] Der chronologische Aufbau dient zur Sortierung der Beiträge. Der neuste Beitrag steht im Blog an oberster Stelle, danach folgen die älteren Beiträge.[47] Der Blog wird in der Regel ständig durch den Betreiber aktualisiert und gibt den Besuchern die Möglich-

---

[39] Vgl. Bergmann (1998), S. 38
[40] Vgl. Neumann (2011)
[41] Vgl. Stelzner (2012)
[42] Vgl. Statistisches Bundesamt (2012)
[43] Vgl. van Eimeren/Frees (2011)
[44] Vgl. Kohlmann (2012a)
[45] Vgl. Shedden (2010)
[46] Vgl. Kohlmann (2012a)
[47] Vgl. Grabs/Bannour (2011), S. 125 ff.

keit, Einträge zu kommentieren. Durch die RSS-Technologie (RSS) können die Einträge wie eine Zeitschrift abonniert werden und in lokale Anwendungen des Abonnenten oder auf anderen Webseiten eingebunden werden.[48] RSS steht für Realy Simple Syndication und ist ein Dienst, welcher den Blog regelmäßig auf Aktualisierungen überprüft und dem Abonnenten durch den RSS-Feed die neuesten Einträge des Blogs anzeigt.[49] Der Blog wird heute als Online Relation Werkzeug gesehen und wird durch Unternehmen unter anderem zur Verbreitung von Produkt-, Dienstleistungs- und Unternehmensneuigkeiten genutzt. Das Ziel ist es, kurze Statements, Informationen oder Ankündigungen zu verfassen und dient somit der modernen Public Relations (PR). Zur Publikation werden nicht nur Texte angeboten, sondern auch Bilder und Videos. Auch die Verknüpfung externer Inhalte in den Blog ist realisierbar, so dass auch andere soziale Medien in den Blog integriert werden können. In der Literatur wird der Blog aus den genannten Gründen als Social-Media-Zentrale gesehen, da er alle elektronischen Medien zusammenführen kann.[50] Es gibt eine Vielzahl von Blogs, die zum größten Teil durch Privatpersonen nach Themen und Interessensgebieten gepflegt werden. Für Unternehmen sind sowohl positive, als auch kritische Informationen, welche in den Blogs veröffentlicht werden, interessant. Diese sollten durch Social-Media-Monitoring-Werkzeuge ständig überwacht werden. Die Social-Media-Monitoring-Werkzeuge werden genutzt, um den UGC zu analysieren, auf Nutzeräußerungen zu reagieren und die vom Unternehmen als wichtig eingestuften Social-Media-Kennzahlen zu messen. Weiter ist es Ziel, die Meinungen der Nutzer zu erfassen und diese in die Verbesserung der Unternehmensprozesse einfließen zu lassen.[51]

Es gibt verschiedene Arten von Themen-Blogs, die im Internet vertreten sind, jedoch ist es aus unternehmerischer Sicht wertvoll, einen eigenen Unternehmensblog zu betreiben. Dieser ist zentrales Mittel im Kontext der Kundenorientierung durch Transparenz, Glaubwürdigkeit, Ehrlichkeit und einer offenen Kundenkommunikation. Unternehmensblogs, sogenannte Corporate-Blogs können intern und extern als direkte Kommunikationsplattform zwischen Kunden und Unternehmen genutzt werden.

---
[48] Vgl. Kohlmann (2012a)
[49] Vgl. Kohlmann (2012b)
[50] Vgl. Grabs/Bannour (2011), S. 123 ff.
[51] Vgl. Hettler (2010), S. 84 ff.

Abbildung 3: Einsatzmöglichkeiten von Corporate-Blogs

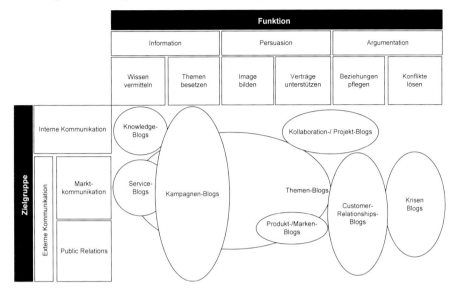

Quelle 3: Eigene Darstellung in Anlehnung an Zerfaß/Boelter (2005), S.127

Es wird hierbei zwischen acht unterschiedlichen Typen von Corporate-Blogs unterschieden, wobei die Übergänge innerhalb der Typen teilweise fließend sein können (Abbildung 3).

Der Zweck der Corporate-Blogs ist die Vorstellung von Produkten, Dienstleistungen, geänderten Prozessen und Vorstellungen von Abteilungen etc. Der Vorteil, diese Informationen in einem Blog zu veröffentlichen, liegt darin, dass die Unternehmenswebseite nicht mit zu vielen Informationen überladen wird und der Kunde direkte Kommentare zu dem Beitrag verfassen kann. Die Abonnenten dieses Blogs sind an bestimmten Informationen interessiert und haben hier den Unternehmensblog, ähnlich wie eine Zeitung, über z.B. RSS abonniert. Das Informationsangebot richtet sich sowohl an den Firmenkunden, Privatkunden, als auch an die Mitarbeiter des Unternehmens.

Die möglichen Einsatzfelder von Corporate-Blogs werden in zwei Dimensionen aufgeteilt. Die Dimensionen sind aufgeteilt in Zielgruppe und Funktionen. In der Zielgruppe wird veranschaulicht, dass viele Blogs sowohl für die interne als auch die externe Kommunikation genutzt werden. Auf der Funktionsebene wird dargestellt, wie Themen an die Empfänger kommuniziert werden. Die Informationsebene dient der reinen Informationsversorgung der Empfänger. Die persuasive Kommunikation dient der Unterstützung von übergeordneten Koordinationsformen, wie Reputation, administrativer Macht oder Vertragswerken. Die Autoren dieser Kommunikationsform wollen ausschließlich ihre eigenen Interessen durchsetzen, um die Empfänger des Blogs zu einer Aktion bzw. Reaktion zu bewegen. Vergleichbar ist die persuasive Kommunikation mit dem Vertrieb eines Unternehmens, welcher beim Kunden möglichst viele Produkte positionieren möchte. Die Argumentationsebene dient der direkten Überzeugung der Empfänger und auch der Intensivierung der Beziehung.[52]

Je nach Zielgruppe der Empfänger setzt das Unternehmen unterschiedliche Blogs ein. Die langfristige Beziehungspflege zwischen dem Unternehmen und dem Empfänger wird durch den Customer-Relationship-Blog realisiert. Durch Nachrichten, Studien, Ereignisse, etc. wird versucht, den Kunden durch eine offene Kommunikation zu informieren. Customer-Relationship-Blogs zielen auf Kundenbeziehungen ab und unterstützen den Wechsel vom klassischen Push- zum Pullmarketing.[53] Der Kunde holt sich die für ihn benötigten Informationen und wird nicht mehr durch Marketingkampagnen, an denen er kein Interesse hat, belästigt. Kampagnen-Blogs sind meistens nur sehr kurzweilig und dienen als Unterstützung weiterer Marketingmaßnahmen. Kampagnen-Blogs dienen mitunter der Neukundengewinnung und sind Informationsträger der Kampagne. Krisen-Blogs dienen der schnellen Verbreitung von Mängeln oder Störungen im Unternehmensbetrieb, welcher Auswirkungen auf die Kundenzufriedenheit haben kann. Das Ziel der Krisen-Blogs ist die Entschärfung von Unzufriedenheit beim Kunden und dient mit zur Stärkung der Unternehmenstransparenz.[54]

Produkt-/Marken-, Themen- und Serviceblogs haben als Intention die Unterstützung der Produkt- und Kommunikationspolitik. Produkt- und Markenblogs dienen der Informationsbeschaffung durch den Kunden. Das Ziel ist es, Produkte, Dienstleistungen oder die Marke detaillierter zu beschreiben und individuell auf Kundenfragen innerhalb des Blogs einzugehen. Ein weiteres Ziel ist es, elektronische Mund-zu-Mund-Propaganda zu fördern und die Leser des Blogs dazu zu animieren, die

---

[52] Vgl. Zerfaß/Boelter (2005), S. 127 ff.
[53] Vgl. Hettler (2010), S. 180
[54] Vgl. Hettler (2010), S. 180 ff.

Veröffentlichungen innerhalb ihres Netzwerkes zu teilen und dadurch die Reichweite des Blogs zu vergrößern. Die Vergrößerung der Reichweite bedeutet nicht nur die Anzahl der neuen Blogleser zu steigern, sondern auch die Förderung der Veröffentlichung der eigenen Blogeinträge in anderen Blogs, ähnlich wie ein Schneeballsystem. Themenblogs sind ähnlich aufgebaut, beschäftigen sich aber nur mit speziellen Themen. Diese Themen können einen sehr kleinen und speziellen Leserkreis haben und werden somit auch teilweise von Fachabteilungen des Unternehmens gepflegt. Die Serviceblogs dienen der Kundenpflege. Ziel ist es, die Servicequalität des Unternehmens zu steigern. In dem Serviceblog werden bestimmte Problemstellungen beschrieben. Aufgrund der Problemstellung werden Lösungsmöglichkeiten veröffentlicht. Die Kunden haben neben der Kommentarfunktion, auch die Option, eigene Probleme in dem Blog zu veröffentlichen und bieten dem Unternehmen und auch anderen Bloglesern die Möglichkeit, einen Lösungsweg aufzuzeigen.[55] Der Serviceblog wird somit nicht nur durch das Unternehmen gepflegt, sondern verfolgt auch das „Kunden helfen Kunden"-Prinzip. Die Einbindung der Kunden in den Wertschöpfungsprozess des Unternehmens z.B. durch Crowdsourcing kann zu Wettbewerbsvorteilen führen.[56] Die Zusammenarbeit mit einem ausgewählten Kundenkreis soll zur Intensivierung der Beziehung und Verbesserung der Kundenzufriedenheit führen. Das Erwartungsbild des Kunden an das Unternehmen, Produkte oder Dienstleistungen wird transparenter und kann sich innovativ auf die Unternehmensprozesse und die Produkte auswirken.[57] Ebenfalls wird angenommen, dass sich durch den Einsatz des Serviceblogs und das „Kunden helfen Kunden"-Prinzip die Kosten des Kundenservices senken lassen.[58] Der Blog und seine verschiedenen Einsatzmöglichkeiten werden durch die Förderung zur Verbesserung des Kundenservice und der offenen Kommunikation durch einige Unternehmen als erfolgversprechendes Instrument zur Verbesserung der Kundenzufriedenheit gesehen. Durch den Einsatz von Kundenservicemitarbeitern innerhalb von Serviceblogs wird davon ausgegangen, dass die Kundenzufriedenheit der Nutzer der Blogs steigt. Die Steigerung der Kundenzufriedenheit soll zur Verbesserung der Kundenbindung beitragen.[59]

---

[55] Vgl. Hettler (2010), S. 179 ff.
[56] Vgl. Hettler (2010), S. 237 ff.
[57] Vgl. Fliege (2011), S. 10 ff.
[58] Vgl. Hohnsbehn (2012)
[59] Vgl. Hettler (2010), S. 117

Jedoch stagniert die Anzahl der Corporate Blogs und laut Statistik nutzen nur 36 Prozent der Fortune 100 Unternehmen diese Art der sozialen Medien.[60]

2.2.2. Microblogs

Microblogs sind ähnlich aufgebaut wie ein Blog. Die Nachrichtenlänge ist jedoch, im Gegensatz zum Blog, auf meist weniger als 140 Zeichen beschränkt. Der ursprüngliche Gedanke war, Kurzmittelungen vom Mobiltelefon in die Microblog-Plattform zu senden.[61] Im Gegensatz zu Blogs sind Microblogs meist professionell betriebene Plattformen. Die Darstellung der Microblog-Nachrichten ist chronologisch aufgebaut, genau wie bei einem Blog. Die wohl bekannteste und professionellste Microblog-Plattform ist Twitter, mit einer Anzahl von über 100 Millionen angemeldeten Nutzern.[62] 4,1 Millionen Nutzer sind alleine in Deutschland angemeldet, was darauf schließen lässt, dass sich Twitter in Deutschland, im Gegensatz zu anderen Plattformen, noch nicht durchgesetzt hat.[63] Twitter ist auf Platz 2 der beliebtesten internationalen Social-Media-Webseiten[64] und ist stärkster Konkurrent von Facebook mit 900 Millionen Nutzern weltweit und 24 Millionen in Deutschland.[65] Der erste sogenannte Tweet wurde am 21. März 2006 von den Twitter-Gründern Jack Dorsey, Biz Stone und Evan Williams geschrieben. Seitdem hat sich die Microblog-Plattform Twitter kontinuierlich vergrößert.[66] Twitter ist bei einigen Internetnutzern im Vergleich zu anderen Plattformen nicht mehr so beliebt, da die Nachrichtenlänge, wie oben beschrieben, beschränkt ist. Twitter verfolgt allerdings damit das Ziel, mit der wenigen Anzahl von Zeichen als schnelle Nachrichtenplattform genutzt zu werden und damit den Twitternutzern das Gefühl zu vermitteln, echten Journalismus zu betreiben. Durch die geringe Nachrichtenlänge und die daraus resultierende hohe Geschwindigkeit verbreiten sich Twitternachrichten sehr schnell um die ganze Welt. Twitter wirbt für sich selbst in diesem Zusammenhang als das Echtzeit-Informationsnetzwerk.[67] Durch die beschränkte Nachrichtenlänge von 140 Zeichen müssen längere Texte oder Bilder über Links bzw. „Short URL's" veröffentlicht

---

[60] Vgl. Hilker (2012), S. 32
[61] Vgl. Grabs/Bannour (2011), S. 176
[62] Vgl. NZZ Online (2012)
[63] Vgl. Schmidt (2012)
[64] Vgl. eBizMBA (2012)
[65] Vgl. Earlybird Venture Capital (2012)
[66] Vgl. Schmidt (2012)
[67] Vgl. Twitter (2012)

werden. Die Inhalte liegen dann auf externen Internetseiten, die das Ziel der Twitter-Quelle sind.[68]

Das Verständnis der einzelnen Funktionen bzw. Definitionen ist nicht von Anfang an klar und stiftet durchaus Verwirrung. Jeder Nutzer hat die Möglichkeit, eine Biografie in seinem Profil zu erstellen, in der er sich selbst kurz und prägnant darstellen kann. Der sogenannte Tweet ist eine von einem Nutzer verfasste Nachricht. Diese Nachricht wird in einem sogenannten Stream veröffentlicht. Der Stream ist der gesamte Verlauf, in diesem Fall die Tweets, die ein Nutzer auf Twitter in seinem Profil veröffentlicht hat. Die Follower sind Nutzer, die den Stream eines anderen Nutzers abonniert haben. Wird die Plattform durch ein Unternehmen kommerziell genutzt, so zeigt die Anzahl der Follower, wie viele Nutzer sich für sie und die geschriebenen Informationen interessieren. Following beschreibt die Anzahl der Personen, denen ein Nutzer folgt. Der Retweet ist das Zitieren bzw. Weiterempfehlen eines Tweets einer anderen Person oder eines Unternehmens an seine eigenen Follower. Die sogenannten Mentions, auch Erwähnungen genannt, zeigen an, wie oft über jemanden gesprochen wurde und können ein Indiz für Erfolg oder Misserfolg einer Kampagne sein. Ein Hashtag wird genutzt, um Stichworte für Tweets zu vergeben. So hat sich der Hashtag „#fail" für Fehler an einem Produkt, Dienstleistung etc. durchgesetzt.[69]

Twitter ist interessant für Unternehmen, wenn schnelle Kommunikation nötig ist. Gerade Unternehmen, welche Dienstleistungen anbieten, die von anderen nicht steuerbaren Faktoren abhängen, ist Twitter eine ideale Plattform, um seine Nutzer schnell zu informieren. Als Beispiel ist hier die Deutsche Bahn AG zu nennen, die ihre Kunden über aktuelle Verkehrsmeldungen und Angebote informiert.[70] Auch im Bereich des Vertriebs von Konsumgütern wird die Plattform genutzt. Das Unternehmen DELL vertreibt z.B. mit seinem Twitter-Account Computerhardware und hat im Jahr 2009 drei Millionen US-Dollar Umsatz damit erwirtschaften können.[71] Nach anfänglicher Skepsis setzen einige Unternehmen Twitter nicht nur für Werbe- und Vertriebszwecke ein, sondern bieten den Nutzern auch Kundenservice über die

---

[68] Vgl. Grabs/Bannour (2011), S. 177 ff.
[69] Vgl. Grabs/Bannour (2011), S. 178 ff.
[70] Vgl. Deutsche Bahn AG (o.J.)
[71] Vgl. Blodget (2009)

Plattform an. Problematisch ist hier allerdings die Beschränkung der Nachrichtenlänge. Jedoch nutzt die z.B. die Deutsche Telekom AG diese Einschränkung als Marketinggag mit dem Slogan „Hier hilft das Telekom Service-Team in der festen Überzeugung, dass Service mit 140 Zeichen geht."[72] Ebenfalls ist das „Kunden helfen Kunden"-Prinzip eine Strategie, welche eingesetzt wird. Diese soll das Zugehörigkeitsgefühl zum Unternehmen fördern. Auch wird das sogenannte Crowdsourcing eingesetzt, um von Kunden Ideen zu erhalten, so dass bestehende Produkte verbessert oder neue entwickelt werden können. Crowdsourcing beschreibt den Einsatz von kollektiver Intelligenz. Es werden die sogenannten Querdenker im Kundenstamm genutzt, um diese in den Wertschöpfungsprozess des Unternehmens mit einzubinden und dem Unternehmen dadurch einen Marktvorteil zu verschaffen.[73]

2.2.3. Foto- und Video-Communities

Foto- und Video-Communities sind Gemeinschaften im Internet, welche Fotos und Videos teilen. Die Plattformen werden dazu genutzt Foto- und Video-Dateien zu veröffentlichen, welche witzige, skurrile und informelle Inhalte haben. Es werden aber auch Video-Ausschnitte von Hobbys veröffentlicht oder es wird auf ein politisches oder kulturelles Thema aufmerksam gemacht. Die Inhalte der Fotos und Videos sind nicht nur privater Natur und die Plattform wird zunehmend von Unternehmen zu kommerziellen Zwecken genutzt. Der Gedanke, der hinter den Foto- und Video-Communities steckt, ist nicht nur das Veröffentlichen der Inhalte, sondern auch das Social Sharing. Das Ziel ist es, mit den Videos eine breite Masse an Menschen zu erreichen und Aufmerksamkeit zu erhalten. Sharing steht für das Teilen von Inhalten und deren Weitergabe. Der Faktor „Social" kommt im Zusammenhang mit den Social-Media-Plattformen zustande. So laden nicht nur Nutzer Fotos oder Videos in die Plattformen hinauf und teilen diese innerhalb der Communities, sondern verbreiten diese auch über unterschiedlichste Medien wie z.B. eMail, Blogs, Microblogs und andere soziale Netzwerke. Sowohl Video- als auch Foto-Communities verfolgen aus unternehmerischer Sicht die gleichen Ziele. Diese sind die Erhöhung des Bekanntheitsgrades und der Aufbau einer emotionalen Verbundenheit zum Unternehmen.[74]

---

[72] Vgl. Deutsche Telekom AG (o.J.) u. Kundekunde (2012)
[73] Vgl. Fliege (2011), S. 10
[74] Vgl. Grabs/Bannour (2011), S. 278 ff.

Aus diesem Grund wird im Folgenden das Thema Video-Communities tiefer behandelt.

Bekannteste Plattform im Bereich Video-Communities ist YouTube.[75] YouTube hat einen Marktanteil von 44 Prozent.[76] Die Popularität von YouTube lässt sich aus der großen Community erklären, die Video-Dateien hochladen, bewerten und kommentieren kann. YouTube steht für „Du sendest" und wurde im Februar 2005 von den drei ehemaligen Paypal Mitarbeitern Chad Hurley, Steve Chen und Jawed Karim gegründet. Ziel der drei Gründer war es, Videos schneller und leichter ins Internet einzustellen und eine Plattform zur Verfügung zu stellen, auf der die Benutzer Video-Dateien hochladen und ansehen können. Am 9. Oktober 2006 gab Google die Übernahme von YouTube zu einem Preis von 1,6 Milliarden US-Dollar bekannt.[77] Seitdem ist die Entwicklung von YouTube ungebrochen und die Internetplattform ist international an dritter Stelle der meistbesuchten Internetseiten.[78]

Für Unternehmen ist die Plattform durchaus von Bedeutung, da sie marketingrelevante Themen abdeckt. Ziele sind hierbei die Erhöhung der Reichweite und daraus resultierend den Bekanntheitsgrad zu steigern. Ein weiteres Ziel ist es, durch Suchmaschinen ein optimiertes Ranking der Internetseite herzustellen, welches zu mehr Nutzerverkehr führen kann. Es wird davon ausgegangen, dass ein höherer Nutzerverkehr auf der Internetseite des Unternehmens sich auch positiv auf die Bekanntheit des Unternehmens auswirkt. Ebenfalls wird davon ausgegangen, dass die Steigerung des Bekanntheitsgrades die Anzahl der Verkäufe durch elektronischen Handel steigert und somit die Umsätze positiv beeinflusst.[79] Die Strategie der Unternehmen dabei ist, Videos zu gestalten, die nicht nur informativ sind, sondern sich auch viral durch die Nutzer verteilen.[80] Es ist wichtig, je nach Zielgruppe, den Nutzer nicht mit blanken Informationen und langweiligen Zahlen zu versorgen, sondern diesen zu unterhalten. Stimmt der Unterhaltungswert der Kampagnen-Videos, so sind die Nutzer bereit, die Videos zu teilen und dadurch die Bekanntheit des Unternehmens,

---

[75] Vgl. Grabs/Bannour (2011), S. 269 ff.
[76] Vgl. Gugel (2012)
[77] Vgl. Infohammer (2008)
[78] Vgl. Alexa (2012)
[79] Vgl. Grabs/Bannour (2011), S. 270 ff.
[80] Vgl. Reder-Heymann (2011), S. 195

Produktes oder der Dienstleistung zu steigern.[81] Der Vorteil für Unternehmen ist die kostenlose Veröffentlichung der Videos in einem sogenannten „Brand Channel", jedoch sind die Kosten einer einzelnen professionellen Videoaufnahme nicht zu unterschätzen. Bei dem „Brand Channel" handelt es sich um einen eigenen Unternehmensauftritt innerhalb von YouTube, welcher die Marke und das Unternehmen repräsentiert. Unternehmen können dann gezielt ihre Zuschauer zu diesem Kanal einladen, beispielsweise über die Versendung von Links zu bestimmten Videos per E-Mail oder über andere Social-Media-Plattformen.[82] Die bei YouTube veröffentlichen Video-Dateien können das Unternehmen und Mitarbeiter präsentieren, aber auch neue Produkte und Dienstleistungen vorstellen. Das Ziel ist es, nicht nur PR zu betreiben, sondern auch bei den Nutzern das Gemeinschaftsgefühl zu fördern z.B. durch Einblicke hinter die Kulissen der Unternehmen. Eine andere Strategie, den Bekanntheitsgrad und die emotionale Bindung der Kunden zu fördern ist es, die Nutzer eigene Videos über das Unternehmen und die angebotenen Produkte oder die Dienstleistung erstellen zu lassen und über den YouTube Kanal zu veröffentlichen. Im Rahmen der Kundenorientierung veröffentlichen einige Unternehmen Videos, welche bestimmte Themen aufgreifen, welche sich negativ auf die Kundenzufriedenheit auswirken können. In diesen Videos werden konkrete Problemstellungen erläutert und Lösungen präsentiert. Entsprechende Beispiele liefert hier der Internet Service Provider Vodafone in seinem YouTube Channel.[83] Durch diese Methode wird versucht, z.B. die Produkthandhabung zu demonstrieren, audiovisuellen Kundenservice zu leisten und die Kundenzufriedenheit dadurch zu steigern.[84]

2.2.4. Podcasts

Podcast ist eine Wortmischung aus iPod und Broadcasting.[85] Der iPod ist ein MP3-Abspielgerät, welches von dem Unternehmen Apple am 23. Oktober 2001 veröffentlicht wurde.[86] Der Broadcast ist eine Vermittlungsmethode, um elektronische Datenpakete an viele Endgeräte zu senden. Die Wortmischung beschreibt die Wiedergabe

---

[81] Vgl. Reder-Heymann (2011), S. 198
[82] Vgl. CPWISSEN (2011)
[83] Vgl. Vodafone D2 GmbH (o.J.)
[84] Vgl. Pepels (2002), S. 115 ff.
[85] Vgl. Grabs/Bannour (2011), S. 325
[86] Vgl. Awbrey/Sequeira (2001)

von komprimierten Audio- und Videodaten an eine breite Masse von Individuen über das Internet.[87]

Der Vorteil eines Podcast liegt in dem geringen Aufwand diesen zu produzieren, da in der Regel nur ein Sprecher und ein elektronisches Aufnahmegerät benötigt wird. Die Themen von Podcasts sind unterschiedlicher Natur wie z.B. Nachrichten, Politik, Sport, Wirtschaft etc. und dienen der Informationsbeschaffung durch die Nutzer.[88] Die sogenannten Corporate Podcasts werden durch Unternehmen kommerziell betrieben und dienen der Veröffentlichung von Produkt- und Dienstleistungsneuheiten, Interviews oder Pressemitteilungen. Der Corporate Podcast wird durch die Unternehmen meist regelmäßig aktualisiert. Die Themen werden langfristig geplant, da diese von besonderem Interesse der Zielgruppe sein müssen. Podcasts eigenen sich aus Unternehmenssicht sehr gut für lange und ausführliche Berichte. Dadurch ist es möglich, den Kunden besser und intensiver über das Unternehmen, die Produkte und die Dienstleistung zu informieren.[89] Dieses soll Transparenz und Vertrauen bei der Zielgruppe schaffen. Der Einsatz eines Podcasts ist zielgerichtet, da dieser nur vom Kunden abonniert wird, wenn er für den Kunden von Interesse ist. Das Zielpublikum lädt sich die bereitgestellten Podcasts über das Internet herunter und kann sich diese dann auf einem Computer oder einem mobilen Endgerät anhören. Die Podcasts haben eine durchschnittliche Länge von 20 bis 30 Minuten, können jedoch je nach Thema auch länger sein. Durch die RSS-Technologie (RSS) können die Podcast abonniert werden und in Anwendungen des Abonnenten auf mobilen Endgeräten angehört oder auf anderen Webseiten eingebunden werden.[90] RSS überprüft den Podcast regelmäßig auf Aktualisierungen und zeigt dem Abonnenten den neusten veröffentlichten Podcast, damit dieser heruntergeladen werden kann.[91] Typische Veröffentlichungspunkte von Podcasts sind Podcasting-Portale wie z.B. iTunes oder Podcast.de. Eine weitere Methode ist die Veröffentlichung von Podcasts innerhalb des Unternehmens, welche z.B. das Marketing und den Vertrieb auf neue Produkte schult. Dadurch werden die Mitarbeiter des Unternehmens informiert und können die neu gewonnenen Informationen zur Kommunikation zum

---

[87] Vgl. Grabs/Bannour (2011), S. 325
[88] Vgl. Alby (2008), S. 74
[89] Vgl. Grabs/Bannour (2011), S. 325 ff.
[90] Vgl. Kohlmann (2012a)
[91] Vgl. Kohlmann (2012b)

Kunden, z.B. in einem Vertriebsgespräch, nutzen.[92] Laut der ARD/ZDF-Online Studie 2011 nutzen jedoch nur vier Prozent der Nutzer Audio-Podcasts. Video-Podcasts nutzen ebenfalls nur vier Prozent.[93] Im Gegensatz zu einem professionellen Video welches über Video-Communities veröffentlicht wird, wird der Kosten-/Nutzenfaktor bei einem Podcast höher eingeschätzt. Dieses liegt daran, dass der Aufwand einen Podcast zu erstellen als geringer eingeschätzt wird.[94] Dieser kann bspw. individuell auf bestimmte Kundenanfragen eingehen und somit den Grad der Kundenzufriedenheit steigern. Trotz anfänglicher Euphorie für die Technologie wird das Medium nicht ausreichend durch Unternehmen genutzt. Die Mehrzahl der zur Verfügung gestellten Podcasts auf Plattformen wie z.B. podcast.de oder iTunes, haben eher werbenden Charakter. Der Einfluss auf die Kundenzufriedenheit, durch die meisten heute zur Verfügung gestellten Podcasts, wird als jedoch gering eingeschätzt.[95]

2.2.5. Soziale Netzwerke

Soziale Netzwerke erfreuen sich immer mehr wachsenden Nutzerzahlen. Dieser Trend ist seit Jahren ungebrochen. Soziale Netzwerke befriedigen das Kommunikationsbedürfnis des Menschen, dessen Motivation es ist, Informationen auszutauschen und Kontakte zu knüpfen. Reale Personen vernetzen sich miteinander in der digitalen Welt der sozialen Netzwerke.[96]

Es gibt unterschiedliche Ambitionen aus Nutzersicht, um sich in einem sozialen Netzwerk anzumelden. So wird die Wahl auch nach Ziel des zu erwarteten Nutzerkreises innerhalb des sozialen Netzwerkes getroffen. Die Plattformen vorfolgen zudem eine bestimmte Zielgruppe der Nutzer, die sich anmelden sollen. So wird unterschieden zwischen Business- und Consumer-Netzwerken. Die sozialen Netzwerke Xing und LinkedIn dienen der Kommunikation und Netzwerkbildung von Geschäftsleuten und sind daher auch, je nach nutzbaren Funktionen, kostenpflichtig. Die VZ-Netzwerke und Facebook dienen der Vernetzung und der Kommunikation von Privatpersonen. Das soziale Netzwerk Facebook ist mit rund 900 Millionen

---

[92] Vgl. Schindler/Liller (2011), S. 176
[93] Vgl. van Eimeren/Frees (2011)
[94] Vgl. Hilker (2012), S. 31
[95] Vgl. Paul (2008), S. 20
[96] Vgl. Mefert/Burmann/Kichgeorg (2012), S. 678

Nutzern weltweit und 24 Millionen Nutzern in Deutschland das größte und einflussreichste soziale Netzwerk und wird hier deshalb tiefer behandelt.[97]

Facebook wurde am 4. Februar 2004 durch die Gründer Mark Zuckerberg, Eduardo Saverin, Dustin Moskovitz und Chris Hughes als Universitätsplattform gegründet. Ziel war es, dass Studenten untereinander kommunizieren und sich selbst über dieses Medium präsentieren konnten. Die Plattform wurde ursprünglich für die Harvard University und deren Studenten entwickelt, jedoch durch die hohe Anzahl von Anfragen von anderen amerikanischen Universitäten auch für diese geöffnet.[98] Im Rahmen der Expansion der Plattform wurde diese 2006 auch für andere ausländische Universitäten geöffnet. 2008 war es jedem Internetnutzer möglich, sich auf der Plattform anzumelden.[99] Facebook entwickelte sich seitdem stetig weiter und ging am 18. Mai 2012 auch an die Börse.[100]

Durch die stetige Weiterentwicklung der Plattform und durch die hohe Anzahl von Nutzern ist diese auch attraktiv für Unternehmen fast jeglicher Art geworden.[101] So sind nicht nur 28 DAX Unternehmen hier aktiv und haben mindestens eine Unternehmenspräsenz, sondern auch 72 Prozent der US-Firmen aus dem Fortune 100.[102] Unternehmen präsentieren sich auf Facebook über die sogenannte „Fanpage", welche der Darstellung der Nutzer und auch der Unternehmen dient. Auf der Seite werden neben der Geschichte und Meilensteine des Unternehmens auch vermehrt die Nutzer zur Marken- und Unternehmenskommunikation eingebunden. Die Kommunikation mit den Unternehmen findet sowohl über die sogenannte Pinnwand der Unternehmenspräsenz als auch über eigene Nachrichtenfunktionen der Facebook-Plattform statt. Ebenfalls ist es seit Mai 2007 möglich, externe Anbieter von speziellen Software-Werkzeugen an die Plattform über Schnittstellen anzubinden. Seitdem ist es möglich, sowohl weitere Mehrwerte wie z.B. Kundenservice-Chats für die Interaktion mit den Nutzern bzw. Kunden, als auch Social-Media-Marketing-Monitoring Werkzeuge zur statistischen Datenerfassung und Auswertung anzubieten und zu nutzen. Als Meilenstein des Marketings über Facebook wird die sogenannte

---

[97] Vgl. SocialBakers (2012), Stand 8. Juni 2012
[98] Vgl. Face to Face (2012), S. 21
[99] Vgl. Wong (2008)
[100] Vgl. Raice/Vranica (2012)
[101] Vgl. Face to Face (2012), S. 21
[102] Vgl. Hilker (2012), S. 30

„Gefällt mir"- bzw. „Like"-Funktion bezeichnet, welche früher „Fan werden" hieß. Durch das „Fan werden" haben sich Ausdrucksweisen durchgesetzt, welche z.B. die Präsenz eines Nutzers oder Unternehmens auf Facebook als „Fanpage" bezeichnen. Nutzt ein Facebook-Nutzer diese Funktion, wird davon ausgegangen, dass dieser entweder Konsument der Produkte oder Dienstleistungen ist, oder dass dieser sich mit dem Unternehmen identifiziert bzw. „Markenfan" ist. Durch diese „Gefällt mir"-Funktion erhält der Nutzer, wenn das Unternehmen eine Kommunikationsstrategie über die Plattform tätigt, regelmäßig Informationen bzw. Statusupdates des Unternehmens auf seine eigene „Fanpage". Ebenfalls teilt er durch die „Gefällt mir"-Funktion seinem eigenen virtuellen Freundeskreis mit, dass er sich dem Unternehmen oder der Marke verbunden fühlt. Die Funktion führt dazu, dass auf seiner eigenen Seite dieses auch als Statusupdate angezeigt wird und die Verbindung, solange der Nutzer sich mit dem Unternehmen verbunden zeigt, auch als Verknüpfung angezeigt wird. Dieses ist für das Marketing interessant, da sich hierdurch aus Unternehmenssicht eine Art von Empfehlungsmarketing entwickelt, welches dazu führen kann, dass sich weitere Nutzer aus dem virtuellen Freundeskreis für das Unternehmen interessieren könnten und sich auch mit dem Unternehmen verbinden.[103] Durch die Kommunikation des Unternehmens durch Statusupdates, welche z.B. auf neue Produkte oder Dienstleistungen aufmerksam machen, soll unter anderem das Image des Unternehmens verbessert werden, eine offene und informative Kommunikation zum Konsumenten geführt werden und der Umsatz durch Neu- und Bestandskunden angeregt werden.[104]

Durchschnittlich 190 Freunde hat ein Facebook-Nutzer, welche für Unternehmen wie o.g. ein hohes Potenzial zur Neukundengewinnung birgen.[105] Aber auch die Bestandskundenpflege, Kundenorientierung und die Steigerung der Kundenzufriedenheit stehen immer mehr im Fokus der Social-Media-Marketing-Kampagnen der Unternehmen bei Facebook. Hierbei werden über Facebook Beschwerden und Kundenserviceanfragen durch die Unternehmen beantwortet, aber auch Ansätze des Crowdsourcing genutzt.[106] Gerade der Anteil der jüngeren Generation Y, welche nach 1980 geboren wurde, nutzt diese Art des Kundenservice nicht nur auf Face-

---

[103] Vgl. Face to Face (2012), S. 31 ff.
[104] Vgl. Face to Face (2012), S. 24 ff.
[105] Vgl. Banger (2011)
[106] Vgl. Detecon/Munich Business School (2010), S. 21 ff.

book, sondern auch über andere soziale Medien.[107] Wie auch auf anderen Plattformen versprechen sich Unternehmen durch den Betrieb der Social-Media-Marketing Kampagne durch das „Kunden helfen Kunden"-Prinzip eine Steigerung der Servicegeschwindigkeit und dadurch eine höhere Kundenzufriedenheit. Dieses soll durch Facebook und dem großen Nutzerkreis, im Vergleich zu anderen Kundenkontaktkanälen z.B. Telefon und eMail, in nahezu Echtzeit passieren.[108] Das „Kunden helfen Kunden"-Prinzip verfolgt allerdings nicht nur das Ziel der Steigerung der Kundenzufriedenheit durch höhere Geschwindigkeit und die Förderung des Zugehörigkeitsgefühls der Nutzer zum Unternehmen, sondern verfolgt auch das Ziel, Kosten für den Kundenservice zu senken und den Return on Investment der Social-Media-Marketing Kampagne zu steigern.[109] Seit Anfang 2012 bietet Facebook in Zusammenarbeit mit einigen Unternehmen auch Location-based Services (LBS) an. Diese sollen dem Nutzer über mobile Endgeräte die Möglichkeit bieten, besondere Dienstleistungen oder spezielle Angebote in der Nähe des momentanen Aufenthaltsortes ersichtlich zu machen und dadurch unter anderem das Konsumverhalten zu steigern. Durch die Verbindung zu einem Unternehmen durch die „Gefällt mir"-Funktion wird in Zukunft davon ausgegangen, dass sich durch Location-based Services und den beschriebenen weiteren Funktionen von Facebook weitere Möglichkeiten ergeben, die Bindung des Kunden an das Unternehmen zu steigern.[110]

Soziale Netzwerke, Podcasts, Foto- und Video-Communities, Microblogs, Blogs und andere soziale Medien werden heute vielfach durch Unternehmen zur Neukundengewinnung genutzt. Aber auch der Einsatz zur Bestandskundenpflege scheint sich immer mehr durchzusetzen. Durch Unternehmen werden die sozialen Medien verstärkt als Werkzeuge zur Kundenorientierung genutzt, verfolgen die Strategie durch besondere Serviceleistungen die Kundenzufriedenheit zu steigern und haben das Ziel, die Kundenbindung zu erhöhen und dadurch den Kundenwert dauerhaft zu steigern.

---

[107] Vgl. Face to Face (2012), S. 31
[108] Vgl. Detecon/Munich Business School (2010), S. 29 ff.
[109] Vgl. Hohnsbehn (2012)
[110] Vgl. Böhner (2012)

3. Kundenbindung: Vom Kunden zum Fan

Hans Heinrich Path äußerte schon im 12. Jahrhundert im Kloster Eismar: „Ein Kunde ist die jeweils wichtigste Person in dem Betrieb. Er ist nicht von uns abhängig, sondern wir von ihm. Er bedeutet keine Unterbrechung in unserer Arbeit, sondern ist ihr Inhalt. Er ist kein Außenseiter unseres Geschäfts, er ist ein Teil von ihm. Er ist niemand, mit dem man sich streitet. Denn niemand wird jemals einen Streit mit einem Kunden gewinnen. Ein Kunde ist eine Person, die uns ihre Wünsche mitteilt. Unsere Aufgabe ist es, diese zu seiner Zufriedenheit auszuführen."[111] Diese Aussage verdeutlicht, wie wichtig es ist, kundenorientiert zu agieren, eine positive Beziehung zum Kunden aufzubauen und aufrecht zu erhalten. Jedes Unternehmen sollte demnach nicht nur auf einen hohen monetären Unternehmensertrag fixiert sein, sondern auch an einer auf Dauer ausgelegten und profitablen Kundenbeziehung interessiert sein. Denn nur eine auf Dauer ausgelegte profitable Kundenbeziehung sichert einen hohen Unternehmensertrag. Hierzu wird ein ausgefeiltes Kundenbeziehungsmanagement benötigt. Es wird definiert als der gesamte Prozess des Aufbaus und der Aufrechterhaltung gewinnbringender Kundenbeziehungen, basierend auf hohem Kundennutzen und Kundenzufriedenheit.[112]

Ein Teil des Beziehungsmanagements im B2C-Umfeld, aber auch im B2B-Umfeld, verlagert sich immer mehr in die sozialen Medien, da hier mittlerweile viele Nutzer und damit auch viele Bestands- und potenzielle Neukunden der Unternehmen aktiv sind. Aus Sicht der Nutzer dienen die sozialen Medien als Plattform, um sich über bestimmte Themen zu informieren, zur Kommunikation mit anderen Nutzern und zum Teilen von informativen Inhalten.[113] Unternehmen nutzen die Plattformen, wie in den vorherigen Kapiteln dargestellt, nicht nur für Werbe- und PR-Kampagnen sondern auch vermehrt als Kundenserviceinstrument. Vielen Unternehmen ist mittlerweile bewusst geworden, dass hier jedem Nutzer der sozialen Medien auch ein Bestandskunde oder potenzieller Neukunde stecken könnte. Diese Plattformen werden somit verstärkt als Teil von Vertriebs- und Marketingprogrammen genutzt. Ziele des Vertriebs und des Marketings sind es, über die sozialen Medien neue Kunden zu

---

[111] Path, Hans Heinrich, ca. 12. Jahrhundert
[112] Vgl. Kotler/Armstrong/Wong (2011), S. 69
[113] Vgl. Grabs/Bannour (2011), S. 23

gewinnen und bestehende Kunden noch besser zu pflegen. Ziel der Bestandskundenpflege ist es, eine höhere Kundenbindung zu erreichen und eine auf Dauer ausgelegte, profitable Kundenbeziehung weiter aufzubauen.[114]

Jedoch stellt sich die Frage, ob es möglich ist, eine höhere Kundenbindung durch den Einsatz der sozialen Medien und den in den vorherigen Kapiteln beschriebenen Methoden und Möglichkeiten zu erreichen. Um auf diese Frage antworten zu können, muss der Begriff Kundenbindung definiert und die Entstehung erläutert werden. Die Wissenschaft bietet mehrere Definitionen aus unterschiedlichen Sichtweisen. Sie unterscheidet die Kundenbindung aus Sicht des Unternehmens und aus der Sicht des Kunden (Abbildung 4).

Abbildung 4: Kundenbindung aus unterschiedlichen Perspektiven

Unternehmenssicht	Kundensicht

Aktivitäten zur Kundenbindung:
 	
- Aufbau von Präferenzen
 	
- Aufbau von Wechselbarrieren
 	
- Schaffung von Kundenkontakten
	- Positive Einstellung zur Geschäftsbeziehung
	
	- Bereitschaft zu Folgekäufen und Weiterempfehlungen
	
	- Geschäftsatmosphäre zwischen Anbieter und Kunde:
	  - Zufriedenheit
	  - Vertrauen
	  - Loyalität
	
	- Positives Kontakt- und Kaufverhalten gegenüber dem Anbieter

Quelle 4: In Anlehnung: Diller (1996) S. 84/Link (2000) S. 58

„Kundenbindung umfasst aus Anbietersicht den zielgerichteten Einsatz von Strategien und Instrumenten, um die Geschäftsbeziehung zu einem Kunden langfristig zu stabilisieren, aufrechtzuerhalten und auszubauen. Dabei sollen Präferenzen und Wechselbarrieren auf Seiten des Kunden geschaffen werden, die sich sowohl in dessen gegenwärtigen Verhaltensweisen als auch in seinen zukünftigen Verhaltens-

---

[114] Vgl. Hettler (2010), S. 116 ff.

absichten, gegenüber dem Anbieter oder dessen Leistungen manifestieren."[115] Kundenbindungsinstrumente sind demnach Verträge mit einer durch das Unternehmen vorgegebenen Vertragslaufzeit (faktisch) und Barrieren durch hohe Wechselkosten (ökonomisch). Es handelt sich hierbei um eine unechte Bindung, da dem Kunden Wechselbarrieren aufgezwungen werden und diese erzeugen eine für den Kunden unfreiwillige Gebundenheit.[116] Kundenbindung ist demnach ein Push-Prinzip und geht vom Unternehmen aus.[117]

Die Kundenbindung aus Sicht des Kunden ist ein emotionaler, psychologischer oder sozialer Faktor.[118] Die Verbundenheit des Kunden ist echt, freiwillig und ohne Barrieren. Der Kunde ist bereit, Folgekäufe zu tätigen, wenn einer oder mehrere der o.g. Faktoren zum Tragen kommen. Der Kunde ist ebenfalls bereit, das Unternehmen, Produkte und Dienstleistungen weiterzuempfehlen, wenn seine Erwartungen erfüllt oder sogar übererfüllt werden. Er verhält sich loyal gegenüber dem Unternehmen.[119]

Kundenbindung ist auch ein Konstrukt aus zwei Dimensionen. Die Dimensionen sind das bisherige Verhalten und die Verhaltensabsicht. Das bisherige Verhalten äußert sich im Wiederkaufs- und Weiterempfehlungsverhalten. Die Verhaltensabsicht ist zukunftsbezogen und äußert sich durch Wiederkaufs-, Zusatzkauf- und Empfehlungsbereitschaft.[120] Kundenbindung aus Kundensicht ist ein PULL-Prinzip und geht vom Kunden aus.[121] Aktuelle Ansätze verfolgen aus diesen Gründen die These, dass aus Sicht des Kunden nicht mehr über Kundenbindung geredet wird, sondern vom Kunden ausgehende Loyalität. Der Begriff Kundenbindung ist das Ziel des Unternehmens und wird erreicht durch die Loyalität des Kunden. Die Kundenloyalität wird nach Homburger/Bruhn hergestellt durch eine hohe Kundenzufriedenheit durch die ihm gebotenen Produkte, Dienstleistungen und Services (Abbildung 5).[122] Dieser Ansatz wird durch den Autor weiter verfolgt.

---

[115] Diller (1996), S. 82
[116] Vgl. Diller(1996), S. 82 ff.
[117] Vgl. Zipperer (2009) u. Meyer (2010)
[118] Vgl. Töpfer (2008), S. 87 ff.
[119] Vgl. Moser (2007), S. 130 ff.
[120] Vgl. Töpfer (2008), S. 611
[121] Vgl. Zipperer (2009)
[122] Vgl. Bruhn/Homburger (2008), S. 8 ff.

Abbildung 5: Sichtweise von Kundenloyalität und Kundenbindung

Quelle 5: Eigene Darstellung in Anlehnung: Töpfer (2008) S.86

Das Pull-Prinzip wird durch die Nutzer von sozialen Netzwerken und die Funktionen der Social-Media-Plattformen widergespiegelt. Ein Nutzer wird Fan, nutzt die Funktion „Gefällt mir" der Facebook-Seite, wird Follower des Twitteraccounts vom Unternehmen oder verfolgt einen „Brand Channel" bei YouTube. Der Nutzer sucht somit eigenständig die für sich relevanten Informationen und verbindet sich freiwillig mit dem Unternehmen. Das Push-Prinzip, in Form der aktiven Kundenakquise ist nicht möglich und sollte möglichst auch mit anderen Social-Media-Werkzeugen vermieden werden.[123] Fühlt sich der Nutzer durch die Unternehmensaktivität belästigt, wie z.B. die ununterbrochene Generierung von Werbung, trennt er den Kommunikationskanal zum Unternehmen. Die vom Unternehmen geführte Social Media Kampangne sollte somit im Gleichgewicht gehalten werden. Auch zu geringe Kommunikation in sozialen Medien erreicht nicht die Aufmerksamkeit des Nutzers.[124] Die Kundenbindung umfasst somit sämtliche Maßnahmen, die das Ziel haben, die Verhaltensabsicht als auch das tatsächliche Verhalten des Kunden gegenüber dem Unternehmen so zu beeinflussen, dass diese auch in Zukunft stabil bleiben und Geschäftsbeziehungen ausgeweitet werden. Soziale Netzwerke sind eine von vielen Maßnahmen, die zur Steigerung der Kundenzufriedenheit genutzt werden können. Soziale Netzwerke weisen Merkmale auf, die sich positiv für die Kundenbeziehung auswirken können. Drei dieser Merkmale sind die Bildung des Zugehörigkeitsgefühls zum Unternehmen, die Vertrauensbildung und die persönliche Ansprache des Kunden. Die persönliche Ansprache erreicht der Nutzer durch die Interaktion mit dem Unternehmen, z.B. durch einen Kommentar auf der Facebook-Seite oder durch das „Gefällt mir", mit welchem er auch seine Verbundenheit ausdrückt. Des weiteren

---

[123] Vgl. Pepels (2002), S. 4
[124] Vgl. Grabs/Bannour (2011), S. 34 u. Meyer (2010)

drückt der Nutzer darüber aus, dass er dem Unternehmen vertraut und dieses auch in seinem virtuellen Freundeskreis durch diese Funktion publiziert. Er wird ohne sein bewusstes Zutun Teil des Marketingprozesses, da er für das Unternehmen auch als Werbeträger dient. Der Nutzer wird durch sein zugesprochenes Vertrauen, Teil der Social-Media-Marketing Kampange und ein wichtiger Markenbotschafter des Unternehmens. Aus diesen Gründen ist eine der Aufgaben jeder Social-Media-Marketing-Strategie, dem Kunden Ehrlichkeit, Transparenz und Glaubwürdigkeit zu vermitteln.[125] Damit diese Strategie überhaupt Wirkung zeigen kann, muss der Kunde jedoch schon weit früher vom Unternehmen, sowie seinen angebotenen Produkten und Dienstleistungen überzeugt sein. Erst wenn der Kunde zufrieden ist, zeigt er auch seine Loyalität gegenüber der Familie, Freunden, Bekannten und den sozialen Medien.[126]

3.1. Kundenloyalität

Die Kundenloyalität wird nach Homburger/Bruhn definiert als ein Ausdruck geringer Wechselbereitschaft auf Nachfragerseite. Die Wechselbereitschaft wird ausgedrückt durch die Stabilität der Geschäftsbeziehung und beruht, neben rechtlichen, ökonomischen und technologischen Wechselbarrieren, auch auf einer emotionalen, psychologischen oder sozialen Ebene und bewirkt Treue und Loyalität.[127] Um Kundenloyalität zu erreichen, muss nach Homburger/Bruhn ein hohes Maß an Kundenzufriedenheit gefördert werden.[128]

Bei der Loyalität des Kunden wird nach Dick/Basu im Attitude-Modell unterschieden zwischen drei Arten der Kundenloyalität. Die „echte Loyalität" ist der Ausdruck der positiven Einstellung gegenüber dem Unternehmen und einer hohen Wiederkaufbereitschaft. Die „latente Loyalität" äußert sich als positive Einstellung gegenüber dem Unternehmen, deutet aber auf ein geringes Wiederkaufverhalten hin. Die dritte Art der Kundenloyalität ist die „unechte Loyalität". Diese hat zur Folge, dass der Kunde zwar ein hohes Wiederkaufverhalten hat, aber eine negative Einstellung gegenüber dem Unternehmen. Ist die Stabilität der Geschäftsbeziehung sehr gering und die

---

[125] Vgl. Neumann (2011)
[126] Vgl. Bruhn/Homburger (2008), S. 8
[127] Vgl. Bruhn/Homburger (2008), S. 8 ff. u. Töpfer (2008), S. 87 ff.
[128] Vgl. Bruhn/Homburger (2008), S. 9

Loyalität „latent" oder „unecht" wandert der Kunde ab.[129] Somit sollte das Unternehmen das Ziel verfolgen, die „echte Kundenloyalität" zu fördern. Die echte Kundenloyalität führt zur Verbundenheit zum Unternehmen und das Verhalten des Kunden gegenüber diesem ändert sich. Er ist bereit, Folgekäufe zu tätigen, andere Produkte aus dem Sortiment zu erwerben (Cross-Buying), Weiterempfehlungen auszusprechen und ist tolerant gegenüber Preiserhöhungen.[130]

Echte Kundenloyalität bedeutet für das Unternehmen einen enormen Mehrwert. Der Kunde ist bereit, Weiterempfehlungen an weitere potenzielle Kunden auszusprechen, aus diesen sich wiederum Kunden mit „echter Loyalität" entwickeln können. Es wird davon ausgegangen, dass loyale Kunden in höchstem Maß vom Unternehmen oder einem Produkt überzeugt und begeistert sind. Diese Kunden sollten durch das Unternehmen gefördert werden, da diese auch als Meinungsführer zu Gunsten des Unternehmens, jedoch nicht nur innerhalb der sozialen Medien, arbeiten können. Der Meinungsführer ist eine Person, dessen Wissen und Sachkunde ihn als Experten deklariert. Er dient unter anderem als Referenzkunde. Seiner Meinung wird von anderen Kunden, welche mitunter eine gewisse Skepsis gegenüber dem Unternehmen oder den Produkten haben, vertraut.[131] Die Meinungsführer sind Multiplikatoren, lösen Begeisterung aus und tragen mit Anwendungserfahrungen zum Mehrwert wie z.B. der Social-Media-Marketing-Kampagne bei. Zusätzlich wird die Anzahl von Weiterempfehlungen durch Prämiensysteme des Unternehmens gefördert. In wie weit ein Kunde oder ein Kundenkreis bereit ist, Weiterempfehlungen auszusprechen ist bis zu einem gewissen Grad über Kundenbefragungen analysierbar.[132] Die zugrundeliegenden Kundenbefragungen und Messverfahren zur Beurteilung der Kundenzufriedenheit werden im Kapitel 3.1.1 weiter erörtert.

Das Cross-Buying ist ebenfalls ein Ausdruck der Kundenloyalität. Cross-Buying ist das Verhalten des Kunden, im Gegensatz zum Cross-Selling, welches vom Unternehmen ausgeht. Das Cross-Buying-Potenzial steht in der Abhängigkeit des Zufriedenheitsgrades und des Bedarfs des Kunden. Das Cross-Buying-Potenzial hängt jedoch auch von der Breite der Produkt- und Dienstleistungspalette ab, den zur

---
[129] Vgl. Hinterhuber/Pechlaner (2004), S. 137 ff.
[130] Vgl. Bruhn/Homburger (2008), S. 8 ff.
[131] Vgl. Weinberg (2011), S. 33 u. Töpfer (2008), S. 87
[132] Vgl. Töpfer (2008), S. 89

Verfügung stehenden finanziellen Mitteln des Kunden und vergleichbarer Konkurrenzprodukte. Neben der Kundenbefragung bieten Wettbewerbs- und Marktanalysen weitere Informationen, wie z.B. Konkurrenzprodukte und Preissensibilität. Das Cross-Buying-Potenzial des Kunden kann z.B. über Data-Mining-Analysen ermittelt werden.[133] Ähnliche Modelle des Cross-Selling werden in Online-Shops, Facebook und anderen sozialen Medien eingesetzt. Soziale Netzwerke, wie z.B. Facebook und LinkedIn analysieren das Kaufpotenzial der Kunden auf Basis vieler persönlicher Faktoren und Daten. Diese sind unter anderem spezielle Interessen, die Altersgruppe und sozialen Kontakte des Nutzers. Bei Facebook werden neben statischen Werbekampagnen auch in Echtzeit Statusmeldungen des Nutzers analysiert. Auf dieser Basis werden Produkte und Dienstleistungen als Werbeanzeige geschaltet. So ist es durchaus möglich, einen Bestandskunden durch eine von ihm abgegebene Statusmeldung gezielt auf weitere Angebote aufmerksam zu machen. In der Statusnachricht werden hierbei Worte und ein eventueller Bedarf, durch das „Natural Language Processing" oder „Text Mining Verfahren", analysiert.[134]

Ist die Kundenloyalität, somit die Verbundenheit zum Unternehmen höher, wirkt sich dieses auch auf die Toleranzschwelle bei Qualitäts- und Servicemängeln aus. Einzelne, negative Ereignisse wirken sich nicht auf die Kundenloyalität aus. Es wird davon ausgegangen, dass durch Wechselbarrieren gebundene Kunden nicht diese hohe Toleranzschwelle haben. Nach Auflösung der rechtlichen, ökonomischen und technologischen Wechselbarrieren wandern diese Kunden ab. Ein weiterer Vorteil der hohen Toleranzschwelle der verbundenen Kunden ist, dass diese bereit sind, Verbesserungsvorschläge und Bedürfnisse zu äußern. Diese Verbesserungsvorschläge sollten Unternehmen nutzen, um Qualitäts- und Servicemängel in Zukunft zu vermeiden.[135] Aus diesem Grund ist das Zuhören in sozialen Medien für Unternehmen von besonderer Wichtigkeit. Kein anderer kennt die Probleme des Kundenservices und Qualitätsprobleme der Produkte besser als der Kunde selbst.[136]

Das zukünftige Potenzial der Kunden durch die Verbindung der Kundendaten und der Nutzerdaten der sozialen Medien wird für viele Unternehmen als rentabel prog-

---
[133] Vgl. Töpfer (2008), S. 90
[134] Vgl. Slutsky (2011)
[135] Vgl. Töpfer (2008), S. 93
[136] Vgl. Grabs/Bannour (2011), S. 125 ff.

nostiziert. Denkbar ist die Verknüpfung, um unter anderem auch das Cross-Buying-Verhalten des Kunden und Prozesse zur Steigerung der Kundenzufriedenheit zu beeinflussen. Solche Ansätze liefern Customer-Relationship-Management Tools (CRM) schon heute. Je nach Hersteller und Fokus des CRM binden diese die sozialen Medien zur Bestands- und Neukundenpflege mit ein. Die sogenannten Social-Customer-Relationship-Management (SCRM) Werkzeuge haben das Ziel, die Kundenbeziehung positiv zu beeinflussen, da sie einen Überblick über den Verlauf der gesamten Geschäftsbeziehung mit dem Kunden bieten. Nach GARTNER wird der Umsatz im SCRM-Markt bis Ende des Jahres 2012 über 1 Mrd. US$ liegen. Im Vergleich zu den Vorjahreswerten von 2010 (625 Mio. US$) und 2011 (820 Mio. US$) ist der Trend zu erkennen, wie wichtig der Einfluss der sozialen Medien auf die Ausrichtung einzelner Prozesse innerhalb der Unternehmen ist.[137] Die regelmäßige Überprüfung aller Unternehmensprozesse dient mitunter auch der Verbesserung der Kundenzufriedenheit und der daraus resultierenden Kundenloyalität.

3.1.1. Kundenzufriedenheit

Um Kundenloyalität zu erreichen, muss nach Homburger/Bruhn ein hohes Maß an Kundenzufriedenheit gefördert werden.[138] Kundenzufriedenheit ist ein psychologisches Konstrukt der subjektiv empfundenen Qualität des Kunden über die erbrachte Leistung eines Unternehmens, der Qualität eines Produktes oder Dienstleistung.[139] Die Kundenzufriedenheit ist ein subjektiver Eindruck der Kunden und ist schwer in betriebswirtschaftlichen Zahlen zu messen. Die gesammelten Erfahrungen und die daraus resultierende Gesamtzufriedenheit spielen eine große Rolle beim Wiederkauf-, Empfehlungs- und Cross-Buying-Verhalten des Kunden.[140] Eine der primären Aufgaben des Unternehmens sollte mindestens die Zufriedenstellung der Kundenbedürfnisse sein. Der Grad der Zufriedenheit sollte deshalb regelmäßig gemessen werden, um eventuelle Veränderungen früh genug zu erkennen und bei negativer Veränderung gegenzusteuern. Jedoch muss dabei beachtet werden, dass jeder einzelne Kunde ein anderes Zufriedenheitsbefinden hat und daher die Zufriedenstel-

---

[137] Vgl. Sarner/Thompson (2011)
[138] Vgl. Bruhn/Homburger (2008), S. 9
[139] Vgl. Scharnbacher/Kiefer (2003), S. 5
[140] Vgl. Faulland (2007), S. 15

lung aller Kunden nicht uneingeschränkt verfolgt werden kann.[141] Weitere Ziele der Kundenzufriedenheitsanalyse sind der Wettbewerbsvergleich und die Darstellung historischer Veränderungen. Der Ausdruck der Zufriedenheit des Kunden kann aber auch als Feedback dienen. Dieses bezieht sich z.B. auf strategische Veränderungen des Unternehmens, aber auch auf Veränderungen der Produkte oder Serviceleistungen. Für das Unternehmen ist die subjektiv empfundene Zufriedenheit des Kunden, ein Messwerk, um zum einen eine Kontrollfunktion zu besitzen und zum anderen auch, um sich am Markt zu orientieren.[142] Ansätze, welche zur Steigerung der Kundenzufriedenheit durch die verschieden Plattformen und den hier aktiven Unternehmen verfolgt werden, wurden in den Kapiteln 2.2. bis 2.2.5 erläutert. Jedoch ist nicht geklärt, wie die Zufriedenheit durch den Kunden beurteilt wird und welche Methoden es gibt, diese aus unternehmerischer Sicht zu bewerten und Maßnahmen daraus abzuleiten.

Zur Beschreibung der Kundenzufriedenheit findet das Confirmation/Disconfirmation-Paradigma (C/D-Paradigma) die größte Akzeptanz (Abbildung 5).[143] Hierbei wird die tatsächliche IST-Leistung mit der SOLL-Leistung verglichen. Die IST-Leistung ist die tatsächliche Leistung, die dem Kunden durch ein Produkt oder eine Dienstleistung erbracht wurde. Die IST-Leitung wird durch den Kunden sowohl subjektiv als auch objektiv bewertet. Die objektive IST-Bewertung wird nach Homburger/Bruhn von jedem Kunden gleich bewertet. Die subjektiv wahr genommene IST-Leistung wird bei jedem Kunden durch verschiedene sozialpsychologische Effekte, Erfahrungen, Wertevorstellungen, Normen, Wünsche, als auch durch Empfehlungen von z.B. Freunden und Bekannten beeinflusst. Die SOLL-Leistung ist die Leistung, die der Kunde sich gewünscht hat. Die SOLL-Leistung wird durch Konsumerfahrungen, Vergleich mit alternativen Produkten, Mund-zu-Mund Propaganda und durch Werbung beeinflusst. Die Kundenerwartung wird somit als komplex und umfangreich bewertet und die Erfüllung wird durch die Unternehmen oftmals als schwierig dargestellt. Dadurch, dass jeder Kunde individuelle SOLL-Leistungen erwartet, können diese nicht uneingeschränkt verfolgt werden. Die Confirmation ist erreicht, wenn die SOLL-Leistung mit der IST-Leistung übereinstimmt. Der Kunde ist somit zufrieden.

---

[141] Vgl. Töpfer (2008), S. 86
[142] Vgl. Scharnbacher/Kiefer (2003), S. 17 ff.
[143] Vgl. Scharnbacher/Kiefer (2003), S. 6

Liegt die IST-Leistung über der SOLL-Leistung, so wird von positiver Disconfirmation gesprochen und der Kunde ist begeistert. Sollte jedoch die IST-Leistung unter der SOLL-Leistung liegen, so ist der Kunde unzufrieden und es wird von negativer Disconfirmation gesprochen.

Abbildung 6: Confirmation/Disconfirmation-Paradigma

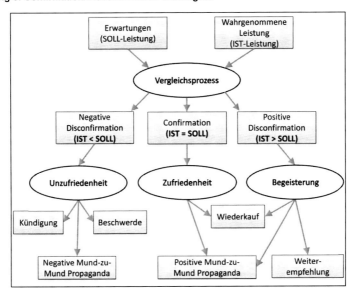

Quelle 6: Eigene Darstellung in Anlehnung an Homburg/Giering/Hentschel 2008, S. 85

Sowohl die negative Disconfirmation und die Confirmation als auch die positive Disconfirmation haben Einfluss auf die Geschäftsbeziehung. Die negative Disconfirmation führt im günstigsten Fall zu einer Beschwerde. Mit dieser ist es möglich, in weiteren Prozessen zur Förderung der Kundenzufriedenheit eine Confirmation oder eine positive Disconfirmation zu bewirken. Ist eine Beeinflussung der negativen Disconfirmation nicht möglich, so ist das Ergebnis negative Mund-zu-Mund Propaganda und es kommt schlimmstenfalls zur Kündigung durch den Kunden. Es wird davon ausgegangen, dass die Confirmation gegebenenfalls zum Wiederkauf des Kunden führt und die Meinung des Kunden neutral zufrieden ist. Weiter wird davon ausgegangen, dass die positive Disconfirmation zum Wiederkauf des Kunden führt.

Dieser ist bereit positive Mund-zu-Mund Propaganda zu betreiben und das Produkt bzw. das Unternehmen weiterzuempfehlen.[144]

Die durch das Unternehmen erstrebte Kundenbindung ist ein Konstrukt aus mehreren Dimensionen. Die Dimensionen sind das bisherige Verhalten und die Verhaltensabsicht. Das bisherige Verhalten äußert sich im Wiederkaufs- und Weiterempfehlungsverhalten, ist somit die ex-post-Betrachtung. Die Verhaltensabsicht ist zukunftsbezogen und äußert sich durch Wiederkauf-, Zusatzkauf- und Empfehlungsbereitschaft. Dieses wird als ex-ante-Betrachtung definiert. Das Messen beider Dimensionen ist wichtig, um eine Aussage über die Kundenbindung zu erhalten. In diesem Kontext wird nicht mehr zwischen Kundenloyalität und Kundenbindung differenziert. Es wird bei der Messung der Kundenzufriedenheit und der daraus resultierenden Kundenbindung zwischen objektiven und subjektiven Messverfahren unterschieden (Abbildung 7).[145]

---

[144] Vgl. Homburg/Giering/Hentschel (2008), S. 85 ff.
[145] Vgl. Töpfer (2008), S. 611

Abbildung 7: Verfahren zur Messung der Kundenzufriedenheit und Kundenbindung

Objektive Verfahren	Subjektive Verfahren			
Aggregierte Größen der Marktbearbeitung • Umsatz • Marktanteil • Gewinn	Ereignisbezogen		• Blueprinting • FRAP/FRAB • CIT	• CSI
	Merkmals-bezogen	Implizite (indirekte) Messung	• Beschwerden • Problem-Panels • Mitarbeiter mit Kunden-kontakt	

		Explizite (direkte) Messung	• Direkte Messung durch Zufriedenheitsskalen
			  • ServQual
			  • ServPerf
			  • ServImPerf
			
			• Indirekte Messung des Erfüllungsgrades
			  • CLI	

Quelle 7: Eigene Darstellung in Anlehnung Töpfer (2008), S.312

Objektive Verfahren sind aggregierte Größen aus z.B. Umsatz, Gewinn und Marktanteil. Aus unternehmerischer Sicht wird diesen Messgrößen ein Zusammenhang zwischen Kundenzufriedenheit und Kundenbindung zugeschrieben. Folgt man aber der Annahme, dass der Kunde nur aus ökonomischen und faktischen Gründen an das Unternehmen gebunden ist, und die Bindung somit unecht ist, ist der Zusammenhang als kritisch anzusehen. Kritisch ist auch die zeitliche Wirkungsweise zwischen der Kundenzufriedenheit und der daraus resultierenden Kundenbindung. Umsatz, Gewinn und Marktanteile sind zudem Größen, die auch durch andere

Geschäftsfelder generiert werden können und in keinem Zusammenhang mit einer Kundenbeziehung stehen wie z.B. Aktienspekulationen, Akquisitionen etc..[146]

Subjektive Messverfahren sind Verfahren zur Messung persönlicher Erfahrungen des Kunden mit dem Unternehmen, einem Produkt oder einer Dienstleistung. Diese Erfahrungen des Kunden bauen sowohl auf physischen als auch psychischen Sachverhalten auf.[147] Bei diesen Messverfahren wird nochmals unterschieden zwischen ereignisbezogenen und merkmalsbezogenen Verfahren. Die ereignisbezogenen Messverfahren dienen der Messung eines oder mehrerer Kundenereignisse. Diese Ereignisse sind kurzweilig und betrachten nur einen Moment der Geschäftsbeziehung und werden daher als nicht sehr aussagekräftig kritisiert. Als mögliche Instrumente der ereignisbezogenen Kundenbefragungen werden in der Literatur die Kontaktpunktanalyse, Problem-Frequenz-Relevanz-Analyse (FRAP) und die Critical Incident Technique (CIT) genannt.[148]

Die Kontaktpunkt-Analyse ist ein Methoden-Mix und besteht aus drei Phasen, welche eventuelle Reibungspunkte zwischen Kunden und Mitarbeitern des Unternehmens darstellen soll. In der ersten Phase erfolgt die Kontaktpunkt-Identifikation.[149] Ziel ist es, die „Augenblicke der Wahrheit" dazustellen, in denen kritische Erlebnisse dargestellt und mögliche Problemquellen analysiert werden können. In der ersten Phase erfolgt die Aufnahme der Kontaktpunkte zwischen Kunden und dem Unternehmen. Dieses erfolgt mit dem sogenannten Blueprinting und dient der visuellen Darstellung des Ablaufes in Form eines Flussdiagrammes.[150] In der zweiten Phase erfolgt die qualitative Kontaktpunkt-Erlebnisermittlung, in der der Kunde die subjektive Qualität bewertet. Die Erlebnisermittlung spiegelt das Kundenerlebnis und die Kundenempfindung wieder. In der dritten Phase erfolgt die quantitative Kontaktpunkt-Erlebnismessung, in der der Kunde bewertet, welche Kontaktpunkte welche Bedeutung auf die Gesamtzufriedenheit der Leistungsqualität haben.[151] Die Kontaktpunkt-Analyse eignet sich gut, um einzelne Teilprozesse qualitativ und quantitativ zu

---

[146] Vgl. Homburg/Giering/Hentschel (2008), S. 85 ff.
[147] Vgl. Töpfer (2008), S. 312
[148] Vgl. Bruhn/Homburger (2008), S. 610 ff.
[149] Vgl. Dreyer/Dehner (2003), S. 76
[150] Vgl. Shostack (1987), S. 34 ff.
[151] Vgl. Preßmar (1995), S. 382

verbessern, ist aber im Aufwand der Analyse der einzelnen Kontaktpunkte sehr aufwändig und schwer anwendbar.[152]

Die Frequenz-Relevanz-Analyse von Problemen (FRAP) dient der kundenbezogenen, problemorientierten Qualitätsmessung. Bei der FRAP werden Problemklassen ermittelt und in einer Problemrelevanz/Problemfrequenz-Matrix eingetragen. Die aufgetretenen Probleme werden dem Unternehmen durch Kundenbeschwerden mitgeteilt. Zur Bewertung werden die Kunden nach Auftreten befragt und müssen das Ausmaß des Problems definieren. Die Antworten werden danach in ein Problemcluster gestellt, welches Punkte anhand der Häufigkeit und Ausmaße vergibt. Die daraus resultierende Wertung wird in die Problemrelevanz/Problemfrequenz-Matrix eingetragen und analysiert.[153]

Die Critical Incident Technique hingegen dient der direkten Befragung des Kunden in Form eines Interviews. Die Kunden werden gebeten, in eigenen Worten kritische Ereignisse zu schildern, welche sie als besonders positiv oder besonders negativ empfunden haben. Die Erlebnisse müssen ein konkretes Verhalten wiedergeben, vom Befragten selbst erlebt worden sein, die wesentlichen Faktoren wiedergeben und den Grund des kritischen Problems definieren. Durch die Anzahl der Vorfälle und deren Ausmaß werden Analysen getätigt, um praktische Lösungen zu finden.[154] Durch die fehlenden Standards und die ungenauen Resultate wird die Analyse kritisch in der Praxis angesehen, aber gerade diese kritischen Ereignisse sind die Meldungen, die als Mund-zu-Mund-Propaganda in sozialen Medien durch Nutzer propagiert werden können.

Alle drei ereignisbezogenen Messverfahren können durch die Integration der sozialen Medien bis zu einem gewissen Grad angewandt und analysiert werden. Dafür muss das Ereignis jedoch in den sozialen Medien durch einen Kunden, in diesem Fall auch einen Nutzer von sozialen Medien, propagiert werden. Social-Media-Monitoring-Werkzeuge erfassen diese Ereignisse und analysieren diese anhand des Inhaltes. Die Inhaltsanalyse erfasst sowohl den Inhalt der Meldung als auch das persönliche Ausmaß für den Kunden. Die Erfassung erfolgt mit Werkzeugen der

---

[152] Vgl. Bruhn/Homburger (2008), S. 610 ff.
[153] Vgl. Bruhn (2001), S. 89 ff.
[154] Vgl. Rothlauf (2010), S. 536 ff.

Stimmungsanalyse wie z.B. das Natural Language Processing oder Text Mining.[155] Neben der Analyse der Meldung kann auch eine Bearbeitung des Problems über den Kundenservice in den sozialen Medien stattfinden. Durch diese Verfahrensweise ist es möglich, kritische Ereignisse nicht nur zu analysieren und sondern auch möglicherweise zu korrigieren. Ziel ist es, die Kundenzufriedenheit positiv zu beeinflussen. Denkbar ist auch eine Integration eines SCRM Werkzeuges, welches sowohl das Monitoring und die Analyse vornimmt, als auch eine dauerhafte Interaktion mit dem Kunden erlaubt. Das SCRM oder das Social-Media-Monitoring sollte jedoch nicht nur auf negative Meldungen ausgelegt sein, sondern auch Positiv-Meldungen analysieren. Dieses hat den Vorteil, dass innerhalb des Unternehmens auch positive Resümees gezogen werden können und es möglich ist, durch eine Danksagung in den sozialen Medien auch aus einem zufriedenen Kunden einen begeisterten Kunden zu machen.[156]

Im Gegensatz zu den teilweise ungenauen ereignisbezogen Analysen, beziehen die merkmalsbezogenen Messverfahren ein breites Spektrum an Attributen der Kundenzufriedenheit bei der Befragung mit ein. Das Ziel ist es, den Kunden nach seiner Gesamtzufriedenheit zu befragen. Die Fragen beziehen sich sowohl auf das Produkt, die Dienstleistung und die Kundenkontaktpunkte. Die subjektiven Verfahren werden unterteilt in implizite und explizite Messung. Die implizite Messung bedient sich der Beschwerden der Kunden, welche durch das Unternehmen erfasst werden. Mitarbeiter des Unternehmens mit Kundenkontakt werden befragt und Problem-Panels analysiert. Problem-Panels sind personenidentische Mehrfachbefragungen derselben Variablen, um einen Trend in der Problembehandlung zu analysieren. Die expliziten Messungen dienen der direkten Kundenbefragung, um den Grad der Kundenzufriedenheit und Kundenbindung zu analysieren. Die Befragungen können eindimensional oder mehrdimensional sein. Die eindimensionalen Kundenzufriedenheitsbefragungen beschäftigen sich nur mit einer Frage oder mit einer inhaltlichen Dimension wie z.B. nach der Gesamtzufriedenheit mit dem Unternehmen. Mehrdimensionale Kundenzufriedenheitsbefragungen sind detaillierter und gehen sowohl in die Breite als auch in die Tiefe der Kundenbeziehung. Diese Art der Befragungen ist daher am

---

[155] Vgl. Griffel/Foster (2010)
[156] Vgl. Blanchard/Heymann-Reder (2012), S. 206 ff.

geeignetsten für eine gründliche Kundenzufriedenheitsanalyse, da sie eine Vielzahl von Einzelaspekten abfragt.[157]

ServQual ist eine Methode der mehrdimensionalen Verfahren und steht als Kunstwort für Service und Qualität. Die ServQual-Analyse ermittelt die Lücke zwischen der vom Kunden erwarteten und der vom Unternehmen subjektiv empfundenen, geleisteten Servicequalität und verfolgt den Ansatz, das C/D-Paradigma widerzuspiegeln. Der Kunde bewertet hierbei sein bisheriges Verhalten und die zukünftige Verhaltensabsicht gegenüber dem Unternehmen. Der ServQual-Fragebogen enthält 22 Fragen zu 5 Dimensionen der Dienstleitungsqualität. Den Antworten zu den Fragen sind Zahlen von 1 bis 7 zugeordnet. Die Zahl 1 steht hierbei für „absolut falsch" und die Zahl 7 für „absolut richtig". Die Dimension 1 dient der Abfrage des materiellen Guts des Unternehmens, wie z.B. den dienstleistungsunterstützenden Geschäftsräumen oder der Ausrüstung der Mitarbeiter. Die Dimension 2 dient der Messung der Zuverlässigkeit. Dimension 3 misst das Entgegenkommen, somit die Geschwindigkeit der Bearbeitung bei Anfragen. Souveränität wird in der Dimension 4 gemessen und beurteilt eventuelle Kontrollverluste. In der Dimension 5 wird das individuelle Einfühlungsvermögen der Mitarbeiter des Unternehmens zum Kunden gemessen. Die von Zeithaml/Parasuraman/Berry entwickelte ServQual-Analyse steht in der Kritik, da sie sowohl eine ex-ante als auch ex-post-Skala enthält und zu einer Verzerrung der Kundenmeinung führen kann.[158] Im Gegensatz dazu beurteilt das ServPerf-Verfahren (Serviceperformance) nur die IST-Leistung und verzichtet auf die SOLL-Leistung. Die Weiterentwicklung des ServPerf-Verfahren ist das ServImPerf-Verfahren, welches zusätzlich zur Performancemessung auch eine Skala für die Wichtigkeit enthält. Hier wird bei der Analyse in einem Koordinatenkreuz die SOLL-Leistung mit der entsprechenden Wichtigkeit dargestellt. Aus dieser Darstellung werden dann Handlungsempfehlungen abgeleitet, um die Kundenzufriedenheit zu steigern.[159]

Weitere Modelle zur Beurteilung der Kundenzufriedenheit, finden sich im Customer Statisfaction Index Modell und Customer Loyality Index Modell. Der Customer Statisfaction Index (CSI) wird genutzt, um die Gesamtzufriedenheit des Kunden zu

---
[157] Vgl. Bruhn/Homburger (2008), S. 615 ff.
[158] Vgl. Töpfer (2008), S. 326 ff.
[159] Vgl. Töpfer (2008), S. 332 ff.

analysieren und den Kundenzufriedenheitsindex zu bestimmen. Die Fragestellung ist global und zielt auf die Gesamtzufriedenheit ab. Hierbei fließen aus Kundensicht sowohl die ereignisbezogenen als auch die merkmalsbezogenen subjektiven Eindrücke ein. Meistens erfolgen die Umfragen zur Kundenzufriedenheit auch in der Kombination mit der Erhebung des Customer Loyality Index (CLI), welcher zur Bestimmung der Kundenloyalität herangezogen wird. Der CLI ist ausschließlich ein merkmalsbezogenes Verfahren und wird in drei Dimensionen unterteilt. Die drei Dimensionen sind die Wahrscheinlichkeit der Weiterempfehlung, die Wahrscheinlichkeit der Wiederkaufbereitschaft und der Wettbewerbsvorteil gegenüber anderen Unternehmen bzw. die Frage nach dem Wiederkauf (Abbildung 8).

Abbildung 8: Beispielfragen für CSI und CLI

CSI	*Globale Zufriedenheit*	Wie zufrieden sind Sie insgesamt mit dem Unternehmen/Marke. In Anbetracht von allem was Sie über das Unternehmen wissen, in der Zusammenarbeit mit Ihnen und den gebotenen Produkten, Dienstleistungen und/oder dem Support. Würden Sie sagen: 1. Sehr unzufrieden. 2. Etwas unzufrieden. 3. Etwas/Durchschnittlich zufrieden. 4. Sehr zufrieden.
CLI	*Weiterempfehlung*	Basierend auf Ihrer Erfahrung, wie sicher ist es das Sie ein Produkt/Dienstleistung dieses/r Unternehmens/Marke einem Freund oder Kollegen weiterempfehlen? 1. Definitiv nicht. 2. Wahrscheinlich nicht. 3. Könnte sein/Könnte nicht sein. 4. Wahrscheinlich. 5. Sehr wahrscheinlich.
	Zusatzkauf (Cross-Selling)	Wenn Sie demnächst wieder ein Produkt/Dienstleitung kaufen würden, wie sicher sind Sie, das von dem Unternehmen/Marke wieder zu kaufen? 1. Definitiv nicht. 2. Wahrscheinlich nicht. 3. Könnte sein/Könnte nicht sein. 4. Wahrscheinlich. 5. Sehr wahrscheinlich.
	Wiederkaufabsicht	Generell, wie würden Sie den Wettbewerbsvorteil für Ihr Unternehmen/Person sehen, den Ihnen dieses Unternehmen/Marke bietet, im Gegensatz zu einem anderen Unternehmen welches die gleichen oder ähnliche Lösungen, Dienstleistungen, Produkte, Support etc. bietet? 1. Keinen Vorteil 2. Nur einen kleinen Vorteil 3. Ein paar Vorteile 4. Große Vorteil 5. Besonders große Vorteile

Quelle 8: Eigene Darstellung Bruhn/Homburger (2008), S. 616

Die Auswertung erfolgt pro Frage in einer Skala von 0 bis 100 Prozent, wobei die Skala der Antworten bei 1 gleich 0 Prozent ist und 4 bzw. 5 (je nach Anzahl der möglichen Antworten) bei 100 Prozent liegt.[160] Nachteilig ist der CSI in der Klärung der Fragen nach dem "Warum" ist der Kunde zufrieden bzw. unzufrieden. Das gleiche gilt für den CLI, welcher auch nicht die Fragen nach dem "Warum" klärt.

Sowohl der CSI als auch der CLI können auch mit elektronischen Kundenumfragen über die Social-Media-Plattformen erhoben werden. Es gibt Werkzeuge zur Gestaltung von Umfragen, die z.B. das soziale Netzwerk Facebook zur Verfügung stellt, jedoch sind diese nur begrenzt nutzbar.[161] Drittanbieter bieten ähnliche Schnittstellen, welche Multi-Item-Umfragen auf Facebook oder auch anderen sozialen Medien möglich machen. Auch die Anbindung eines SCRM ist möglich. Wenn der Social-Media-Nutzer die Erlaubnis dazu gegeben hat, mit ihm Kontakt aufnehmen zu dürfen, können entsprechende Maßnahmen zur Verbesserung der Kundenzufriedenheit kundenspezifisch eingeleitet werden. Dieses kann im Rahmen des Kundenservice über die sozialen Medien erfolgen.[162] Im Fall, dass keine Kundendaten vorliegen, werden die Daten gesammelt und spätere Maßnahmen durch die Ergebnisse eingeleitet. Hilfreich wird hier der Einsatz der Frequenz-Relevanz-Analyse von Problemen in den sozialen Medien angesehen. Dieses kann auch, je nach Ausprägung, im Rahmen des Churn-Managements geschehen und hat das Ziel, Kundenfluktuation zu vermeiden. Kritisch bei der Umfrage über die sozialen Medien wird gesehen, dass das Thema Datenschutz fragwürdig ist und die Nutzer nicht immer bereit sind, persönliche Daten herausgeben, um Maßnahmen einzuleiten, welche die Kundenzufriedenheit steigern könnten.[163] Kritisch ist auch die Zuverlässigkeit der Daten zu sehen, da die sozialen Medien für alle Nutzer offen sind und die Umfrage meist für alle Teilnehmer freigeschaltet ist. Dieses kann zur Verzerrungen der gewonnen Daten durch Nicht-Kunden kommen. Die Erhebung des Grades der Kundenzufriedenheit erstens durch den Einsatz der sozialen Medien und zweitens die Erhebung der Gesamtzufriedenheit kann zwar aus der Sicht des Autors auch über Umfragen in den sozialen Medien erfolgen, jedoch wird der Aufwand mit Mitteln der Plattformen als sehr hoch beurteilt.

---

[160] Vgl. Henning (2009)
[161] Vgl. Facebook (o.J.)
[162] Vgl. SurveyMonkey (2012)
[163] Vgl. Mefert/Burmann/Kirchgeorg (2012), S. 678

Trotz der umfangreichen Werkzeuge zur Messung und der daraus ableitbaren Maßnahmen zur Verbesserung der Kundenzufriedenheit bedeutet eine hohe Kundenzufriedenheit jedoch keine Garantie zur Kundenbindung. Die Kundenzufriedenheit ist jedoch nötige Voraussetzung, um eine Verbundenheit zum Unternehmen herzustellen. Ein Grund für die Abwanderung trotz hoher Zufriedenheit des Kunden zu einem anderen Anbieter ist z.B. der Wunsch nach Abwechslung.[164] Die Gründe für einen Anbieterwechsel werden in dem Kapitel 3.3 Kundenfluktuation & Kundenrückgewinnung weiter vertieft. Die heutige Markt- und Wettbewerbssituation erfordert jedoch ein hohes Maß an Kundenorientierung. Die Strategie ist hierbei sich durch besondere Serviceleistung und durch die Einbindung der Kunden zur Prozessoptimierung am Markt von anderen Unternehmen zu differenzieren, dadurch die Kundenzufriedenheit zu steigern und einen hohen Grad von Kundenloyalität zu erreichen.[165] Ansätze zur Steigerung der Kundenzufriedenheit durch besondere Serviceleistungen der Unternehmen in den sozialen Medien wurden in den Kapiteln 2.2. bis 2.2.5 erläutert.

3.1.2. Kundenorientierung

Gerade in Brachen, in denen Produkte oder Dienstleistungen austauschbar sind, sind die meisten Unternehmen heutzutage kundenorientiert am Markt aufgestellt. Kundenorientierung wird definiert als „die Ausrichtung aller marktrelevanten Maßnahmen eines Unternehmens an den Bedürfnissen und Problemen der Kunden"[166]. Ziel ist es, eine möglichst hohe Kundenzufriedenheit durch die Befriedigung möglichst aller Kundenbedürfnisse zu erreichen. Dass die Kundenorientierung aus Unternehmenssicht wichtig ist, zeigte auch eine Studie der IHK Stuttgart. 72 Prozent der befragten Unternehmen gaben an, dass für sie Kundenorientierung die Erfüllung der Kundenerwartungen darstellt, dennoch zeigt die Studie auch, dass nur 39 Prozent die Erwartungen ihrer Kunden wirklich kennen.[167] Die Studie „From social media to Social CRM What customers want" hat sich ebenfalls mit den Bedürfnissen der Kunden in den sozialen Medien auseinandergesetzt und festgestellt, dass die Unternehmen nur rudimentär die Gründe kennt warum Konsumenten sich zu ihnen

---
[164] Vgl. Pepels (2002), S. 34
[165] Vgl. Penkert/Schlereth/Funk/Lichter (2010)
[166] Vgl. Kirchgeorg (2012)
[167] Vgl. Reiner/Sommer/Asendorf/Ehm/Herzer/Jakobek (2006)

über die sozialen Medien verbinden (Abbildung 9).[168] Im Rahmen der Kundenorientierung in den sozialen Medien ist es somit wichtig, die Erwartungen der Kunden zu kennen und auch zu befriedigen. Dass die sozialen Medien heutzutage ein wichtiger Bestandteil des Marketing-Mix der Unternehmen sind, zeigt allein schon, dass fast 47 Prozent der befragten Unternehmen in den sozialen Medien aktiv sind. Weitere 15 Prozent planen konkret den Einsatz.[169] Das Zuhören in den sozialen Medien ist eines der wichtigsten Aufgaben der Unternehmen, um die Bedürfnisse und Probleme der Nutzer bzw. Kunden zu analysieren. Wird ein Kundenbedürfnis nicht erfüllt und ein Kunde kommuniziert seine daraus resultierende Unzufriedenheit mit einem Produkt oder einer Dienstleistung, so ist es im Rahmen der Kundenorientierung wichtig dieses Bedürfnis, sofern ökonomisch realisierbar, zu befriedigen. Ist es nicht möglich, das Kundenbedürfnis auf Anhieb zu befriedigen, ist es Aufgabe des Unternehmens, dieses Bedürfnis in Zukunft unter ökonomischen Aspekten einzubinden. Durch den Einsatz der sozialen Medien ergeben sich, gerade im Bereich der Bedürfnisanalyse der Kunden, weitere neue Möglichkeiten kundenorientierter zu agieren.[170]

Im Bereich der Produktpolitik wird dieses beispielsweise bereits durch Crowdsourcing betrieben. Hierbei werden Kunden in die Entwicklungsprozesse der Produkte oder einer Dienstleistungen über die sozialen Medien eingebunden. Das Einbinden der Kunden in den Entwicklungsprozess erspart dem Unternehmen zwar keine Bedürfnisanalyse, jedoch verringert die Einbindung der Kundenerwartung das Risiko einer schlechten Produktentwicklung.[171] Als Beispiel dient hier das Unternehmen Leica. Leica nutzte Kommentare aus Beiträgen des Leica-Camara-Blogs zur Weiterentwicklungen der Modellserien M8 und M9 und setzte auch Nutzer der Blogs ein, um die Produkte zu testen. Die eingesetzten Probanden wiederum gaben ihr Feedback in den Blogs von Leica. Durch die gewonnen Informationen wurden die Produkte erfolgreich überarbeitet. Neben dem Effekt der schnelleren Markteinführung der Produkte und den guten Testergebnissen, war die Resonanz der Nutzer und Kunden positiv. So hat den Nutzern die Weiterentwicklung der Produkte Spaß gemacht, es steigerte den Informationswert und brachte die Nutzer, die auch Kunden des Unternehmens waren, näher an den Hersteller. Neben der Entwicklung eines Produktes

---

[168] Vgl. Heller/Parasnis (2011)
[169] Vgl. Arns (2012)
[170] Vgl. Hettler (2010), S. 241
[171] Vgl. Hettler (2010), S. 241

mit großem Kundennutzen, welcher zu einer hohen Zufriedenheit führt, wurde auch die Verbundenheit zum Unternehmen ausgebaut. Auch das Feedback über andere soziale Medien sollte genutzt werden, um die Kundenorientierung zu fördern und dieses in die Produktpolitik einfließen zu lassen. So lassen sich negative Kommentare über Produkte in den sozialen Medien dafür nutzen, um diese in die Produktentwicklung einfließen zu lassen.[172]

Abbildung 9: Kundenerwartung an Unternehmen in den sozialen Medien

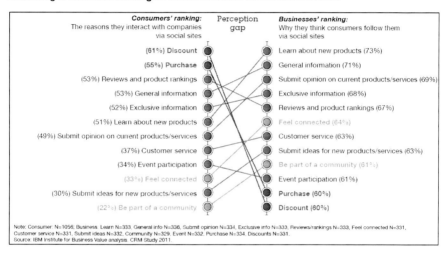

Quelle 9: Heller/Parasnis (2011)

Rabatt- und Bonussysteme können im Rahmen der Preispolitik über soziale Medien gefördert werden. So setzen bereits mehrere Unternehmen auf Marketingkampagnen, welche Nachlässe geben, wenn die Unternehmenspräsenz in den sozialen Medien besucht wird und deren Inhalte geteilt werden. So ist es auch möglich, in Gruppen der sozialen Medien kundenorientierte Preispolitik zu betreiben, und abnehmer- und leistungsorientierte Preisdifferenzierungen zu ermöglichen.[173] So ergab eine Studie im Auftrag von IBM, dass 61 Prozent der befragten Nutzer, Fan einer Unternehmenspräsenz bei Facebook werden, da diese Rabatte und Boni durch die Verbindung erwarten.[174] Im Rahmen der Kundenorientierung ist es möglich, diese

---

[172] Vgl. Lummer (2012)
[173] Vgl. Schwend (2011)
[174] Vgl. Heller/Parasnis (2011)

Kundenerwartung zu befriedigen, dennoch ist es kritisch zu betrachten, ob Rabatt- und Bonussysteme auf Dauer die Verbundenheit zum Unternehmen fördern.

Die Distributionspolitik wird seit 2009 unter anderem durch den Facebook-Commerce (f-Commerce) vorangetrieben. Hierbei werden Onlineshops direkt in Facebook integriert und die Nutzer haben die Möglichkeit, innerhalb der Plattform Produkte zu erwerben. Des Weiteren wird seit 2010 eine eigene Währung als mögliches Zahlungsmittel angeboten.[175] Die sogenannten „Credits" werden bereits von mehr als 15 Millionen Nutzern eingesetzt, um Spiele und weitere immaterielle Güter zu erwerben.[176] Laut der Studie „From social media to Social CRM" ist der Einkauf über die sozialen Medien ebenfalls ein wichtiger Grund, warum Nutzer sich mit einem Unternehmen verbinden. Der Absatzkanal ist jedoch noch nicht weit verbreitet, es wird jedoch erwartet, dass dieser weiter wachsen wird. So nutzen bereits 10 Prozent der amerikanischen Nutzer das Angebot über die sozialen Medien einzukaufen.[177] Ein weiteres Beispiel liefert das IT Unternehmen Dell. Dell vertreibt mit seinem Twitter-Account Computerhardware und hat im Jahr 2009 drei Millionen US-Dollar Umsatz damit erwirtschaften können.[178] Es wird deutlich, dass die Kunden auch diese Erwartung durch den Einsatz der sozialen Medien an die Unternehmen haben und es nicht nur im Rahmen der Kundenorientierung sinnvoll ist, diese Erwartung zu erfüllen.

Die sozialen Medien haben das vorherrschende Ziel der Kommunikation, daraus ergeben sich in der Kommunikationspolitik die meisten Möglichkeiten. Zum einen wird im Rahmen der Kundenorientierung vermehrt Kundenservice auf den Plattformen angeboten, zum anderen werden diese zum Verbreiten von Marketingkampagnen genutzt. Neben der klassischen Telefonhotline und eMail Kommunikation mit dem Kunden, werden bereits durch mehrere Unternehmen auch Störungen und Anfragen über die sozialen Medien bearbeitet. Der Anspruch der Kunden ist es, auf möglichst vielen Kundenkontaktkanälen Kundenservice zu erhalten und damit eine hohe Kundenzufriedenheit zu erreichen. Ein weiterer Vorteil der sozialen Medien und der daraus resultierenden Community ist, dass Nutzer sich gegenseitig helfen, ohne

---

[175] Vgl. Del Pino (2011)
[176] Vgl. Zienczyk (2012)
[177] Vgl. Addam (2012), S. 53
[178] Vgl. Bldget, (2009)

dass das Unternehmen aktiv werden muss. Probleme werden durch die Erfahrungen anderer Nutzer evtl. schneller gelöst und ein Dialog innerhalb des Kundenkreises gefördert.[179] Durch die Förderung des Dialogs ist es auch möglich, über die sozialen Medien auf besondere Ereignisse und Events aufmerksam zu machen und die Nutzer hierzu einzuladen. Es wird davon ausgegangen, dass die Förderung des Dialogs mit und unter den Kunden eine Stärkung des Images bewirkt und die Produkt- und Servicequalität verbessert wird. Betrachtet man die IBM Studie unter dem Aspekt der Kommunikation, so macht der Anteil der Kommunikationspolitik den größten Teil der Kundenerwartungen aus.[180] Werden die Kundenbedürfnisse und die Kundenerwartungen erfüllt, so wird davon ausgegangen, dass auch die Kundenzufriedenheit steigt. Daraus resultiert in den meisten Fällen eine höhere Kundenbindung und ein gesteigerter Kundenwert.[181]

3.2. Kundenwert

Der Kundenwert ist der Wert, der dem Unternehmen darstellt, ob die monetären und nichtmonetären Ziele mit dem oder den Kunden erreicht werden können. Der Kundenwert muss aus unternehmerischer Sicht über die gesamte Geschäftsbeziehung betrachtet werden. Das bedeutet von der Anbahnung der Geschäftsbeziehung bis zum Vertragsablauf, Kündigung oder sogar Lebensende des Kunden.[182] Es wird davon ausgegangen, dass die Pflege der Kundenbeziehung sich positiv auf den unternehmerischen Erfolg auswirkt. Dieses erfolgt seitens des Kunden durch eine höhere Wiederkaufrate, Weiterempfehlungen, Cross-Buying und einer geringeren Preissensibilität. Laut einer Studie von Reichheld und Sasser ist es durch eine Steigerung der Kundenbindung von fünf Prozent möglich, den Gewinn einiger Unternehmen zu verdoppeln. Kritisiert wird jedoch, dass Maßnahmen zur Förderung der Kundenbindung nicht pauschal und uneingeschränkt bei jedem Kunden verfolgt werden können, da die Bindung des Kunden an das Unternehmen nicht automatisch Profitabilität bedeutet.[183]

---

[179] Vgl. Schindler/Liller (2011), S. 259 ff.
[180] Vgl. Heller/Parasnis (2011)
[181] Vgl. Penkert/Schlereth/Funk (2010)
[182] Vgl. Kotler/Armstrong/Wong (2011), S. 429 ff.
[183] Vgl. Bruhn/Homburger (2008), S. 715

Die Kundenwertanalyse ersetzt keine Zielgruppenanalyse zur Entscheidung, ob die sozialen Medien ein geeignetes Kommunikationsinstrument zur Steigerung der Kundenzufriedenheit und Kundenbindung sind. Die Kundenwertanalyse kann jedoch dazu genutzt werden, profitable Kunden im Kundenstamm zu finden und dadurch eine ökonomische Differenzierung der Prioritäten, zum Beispiel in der Breite bzw. Tiefe der Kundenbetreuung, über die sozialen Medien abzuleiten oder eine Plattform zu wählen, welche viele ökonomisch wertvolle Kunden vereint. Denkbar ist auch der Einsatz von speziellen Plattformen wie z.B. Customer-Relationship-Blogs oder Podcasts für ökonomisch besonders profitable Kunden, bei denen zu erwarten ist, dass diese Maßnahmen zur Steigerung der Kundenbindung und des Kundenwerts führen.[184]

Für die Beurteilung des Kundenwertes gibt es verschiedene der Analyseinstrumente. So wird bei der Kundenwertanalyse zwischen ein- und mehrdimensionalen Instrumenten unterschieden. Eindimensionale Instrumente beziehen jeweils nur ein Kriterium ein, mehrdimensionale Instrumente beziehen mindestens zwei Kriterien zur Bewertung ein.[185] Im Rahmen dieses Dokuments werden die eindimensionalen Verfahren weiter betrachtet, da weitere Erkenntnisse im Rahmen zur Steigerung der Kundenbindung in den sozialen Medien auf diesen aufbauen.

Die ABC-Analyse gehört zu den eindimensionalen und gegenwartsbezogenen Verfahren und teilt den vorhandenen Kundenstamm in drei Kategorien ein. Zur Kategorisierung des Kundenstamms werden die Kunden in A-, B- und C-Kunden unterteilt, um die Wertigkeit der einzelnen Kundenkategorien für das Unternehmen zu ermitteln. Diese Einteilung dient der Differenzierung der Prioritäten, zum Beispiel in der Breite bzw. Tiefe der Kundenbetreuung. Die A-Kunden sind hier am umsatzstärksten, die B-Kunden sind am Umsatz durchschnittlich beteiligt und die C-Kunden werden als unbedeutend in Bezug auf den Umsatz angesehen. Diese bedürfen natürlich auch einer Kundenpflege, jedoch in geringerem Umfang als die A- oder B-Kunden.[186] Häufig lässt sich in der ABC-Analyse feststellen, dass ein geringer Anteil an Kunden einen großen Teil zum Unternehmenserfolg beiträgt. Dieser Effekt nennt sich Pareto-Effekt und wird auch 80/20-Regel genannt. Das bedeutet z.B. 20 Prozent

---

[184] Vgl. Bruhn/Homburger (200 8), S. 723 ff.
[185] Vgl. Kleinaltenkamp/Plinke/Geiger/Jacob/Söller (2011), S. 114 ff.
[186] Vgl. Walsh/Klee/Kilian (2009), S. 224

der Kunden, generieren 80 Prozent des Umsatzes.[187] Der Vorteil der ABC-Analyse ist, dass sie den Kundenwert in Bezug auf den Umsatz sichtbar macht und sich dadurch die Ressourcen für Kundenbindungsmaßnamen, wie ob beschrieben, ökonomisch verteilen lassen. Nachteilig ist, dass sich die Daten auf die Vergangenheit beziehen, Kundenpotenziale nicht berücksichtigt werden und als quantitativer Faktor nur der Umsatz oder Deckungsbeitrag berücksichtigt wird. Der für das Unternehmen interessante Gewinn wird außer Acht gelassen. Weiterempfehlungsraten oder das Image eines Kunden werden hierbei ebenfalls nicht berücksichtigt, sind aber im Bereich des Marketings in den sozialen Medien wichtig.[188] Jedoch kann die ABC-Analyse dazu verwendet werden, um zu betrachten, ob der Einsatz von Kundenbindungsmaßnahmen auf oder mit einer bestimmten Plattform geeignet ist. Gründe hierfür sind z.B., dass ein großer Teil der A-Kunden auf einer bestimmten Plattform aktiv sind und ein hohes Potenzial zur Steigerung der Kundenzufriedenheit durch den Einsatz der sozialen Medien zu erwarten ist. Es muss allerdings möglich sein, die A-Kunden auf der Plattform zu selektieren. Am geeignetsten sind in diesem Fall B2B-Plattformen wie Xing oder LinkedIn.[189]

Eine andere Methode zur Beurteilung des Kundenwertes ist der Customer Lifetime Value (CLV), welcher ebenfalls zu den eindimensionalen Instrumenten gehört. Für die Ermittlung des CLV wird die Kapitalwertmethode herangezogen. Der CLV berücksichtigt dabei historische und in Zukunft liegende Ein- und Auszahlungen einer Kundenbeziehung. Der CLV ist somit der abgezinste Geldwert eines Kunden über den prognostizierten Beziehungszeitraum.[190] In der Grundformel des CLV werden Ausgaben (=a) von den Einnahmen (=e) in einer Periode (=t) abgezogen. Teilt man diese durch den Kalkulationsfuß (=i) für die Periode (=t), so erhält man die Summe des Kapitalwertes der Periode (=Σ_t). Werden die Summen des Kapitalwertes für die gesamte Dauer der Geschäftsbeziehung (=n) addiert, erhält man den Kapitalwert der Geschäftsbeziehung (=CLV). Die Formel zu Berechnung des CLV lautet:

---

[187] Vgl. Kleinaltenkamp/Plinke/Geiger/Jacob/Söller (2011), S. 114
[188] Vgl. Walsh/Klee/Kilian (2009), S. 224
[189] Vgl. Bruhn/Homburger (2008), S. 723 ff.
[190] Vgl. Homburg/Werner (1998), S. 140

$$CLV = \sum_{t}^{n} \frac{e_t - a_t}{(1+i)^t}$$

e_t = (erwartete) Einnahmen aus einer Geschäftsbeziehung in der Periode
a_t = (erwartete) Ausgaben aus einer Geschäftsbeziehung in der Periode
i = Kalkulationszinsfuß zur Abzinsung auf einen einheitlichen Referenzzeitpunkt
t = Periode (t = 0,1,2,3,… n)
n = Dauer der Geschäftsbeziehung

Kritisiert wird der CLV, weil die erwartete Dauer der Kundenbeziehung oftmals nur ein statistischer Wert ist und daher kein sicherer Einflussfaktor. Faktoren wie der Beratungs-, Empfehlungs-, Referenz- oder Imagewert eines Kunden werden dabei üblicherweise nicht berücksichtigt. Jedoch sind gerade diese Faktoren besonders wichtig bei der Beurteilung eines Kunden, der in den sozialen Medien aktiv ist. Weiterer Kritikpunkt ist, dass der CLV nur mit hohem Aufwand pro Kunden berechnet werden kann.[191]

Wie oben beschrieben, sind die Faktoren Beratungs-, Empfehlungs-, Referenz- oder Imagewert eines Kunden wichtig, um den Wert eines Kunden in den sozialen Medien zu beurteilen. Ziel ist es, Nutzer zu identifizieren welche durch ihre bereits hohe Loyalität gegenüber dem Unternehmen auf andere Nutzer positiv wirken können. Durch deren positive Einstellung und Loyalität zum Unternehmen, die Bereitschaft Empfehlungen auszusprechen und der aktiven Teilnahme an der Gemeinschaft, sind sie wertvoll für die Entwicklung der Social-Media-Kampagne. Mit diesen Nutzern wird das Ziel verfolgt, andere Nutzer von den Produkten und Dienstleistungen des Unternehmens zu begeistern und dauerhaft für das Unternehmen als Kunden zu gewinnen. Diese Nutzer sind die sog. Social-Media-Influencer und dienen als Multiplikatoren und Experten. Die Multiplikatoren besitzen einen großen Kreis von ihnen vertrauenden Nutzern in Form von z.B. Freunden, Follower und Abonnenten. Sie haben einen hohen Einfluss auf die Meinung dieser und fördern damit die Neukundengewinnung, indem sie Empfehlungen aussprechen. Sie beeinflussen aber auch Bestandskunden, indem sie das Cross-Selling unterstützen, da sie weitere Produkte oder Dienstleistungen des Unternehmens bewerben. Sie nehmen aktiv an der

---

[191] Vgl. Shih (2011), S. 189 ff.

Gemeinschaft teil und äußern positive Kritik gegenüber dem Unternehmen um Produkte, Dienstleistungen und Prozesse zu verbessern.

Die Experten agieren ähnlich. Sie sind auch loyale Kunden und unterstützen parallel zum Unternehmen andere Nutzer der Social-Media-Gemeinschaft. Sie unterstützen mit ihrer Aktivität den Kundendienst der Unternehmen und helfen z.B. bei technischen Problemen und beraten bei produkt- oder dienstleistungsspezifischen Fragen. Sie kennen das Unternehmen und die Güter und treiben damit das „Kunden helfen Kunden"-Prinzip voran. Sowohl durch die Pflege der Multiplikatoren als auch der Experten durch z.B. Produkttests oder Prämien, wird davon ausgegangen, dass sie auf die Kundenzufriedenheit vieler Kunden einwirken und die Anzahl der ökonomisch wertvollen Kunden, die an der Social-Media-Kampagne teilnehmen, steigt.

Social-Media-Monitoring Werkzeuge werden hierbei zur Analyse des bestehenden Nutzerkreises der Kampagne genutzt, um Multiplikatoren und Experten in der Social-Media-Kampagne zu finden.[192] Dabei wird der Einfluss aller aktiven Teilnehmer ermittelt und dabei die Nutzer heraus gefiltert, welche besonders hohe und wertvolle Social-Media-KPIs aufweisen und dadurch Wirkung auf andere Nutzer haben können. Beispiele für KPIs von Nutzern sind:

- Die Anzahl von Freunden, Follower, Fans und Abonnenten in sozialen Netzwerken und Blogs
- Die Anzahl der Links und Beiträge, die durch diese geteilt werden oder ReTweets bei Twitter
- Die Anzahl der positiven und negativen Kommentare auf Beiträge des Unternehmens
- Die Anzahl von abgegebenen Bewertungen und „Gefällt mir"-Angaben für die Produkte, Dienstleistungen und das Unternehmen[193]

Shih hat die Vorteile des CLV für die Berechnung des Kundenwertes erkannt, erweitert diesen um den Social-Media Anteil und nennt diese Kennzahl den Social Customer Lifetime Value (SCLV). Der SCLV dient dazu, den Wert eines Kunden dazustellen und seinen Einfluss durch den Einsatz in sozialen Medien, wie oben

---

[192] Vgl. Grabs/Bannour (2011), S. 44 ff. u. Hettler (2010) S.151 ff.
[193] Vgl. Hettler (2010) S.151 ff.

beschrieben, zu beurteilen. Sie addiert zum ursprünglichen Kundenwert den Anteil des Verkaufs durch elektronische Mund-zu-Mund-Propaganda bzw. Empfehlungsrate, den Anteil der Einsparung durch Kundensupport in sozialen Medien und Verbesserungsvorschläge oder sogar Neu-/Weiterentwicklungen durch Kundeninitiativen (Crowdsourcing).

Abbildung 10: Social Customer Livetime Value

$$SCLV = CLV + Empfehlungsrate\ (NPS) + Einsparungen\ Kundensupport + Crowdsourcing$$

Quelle 10: Eigene Darstellung in Anlehnung an Shih (2011), S.189 ff.

Zur Herleitung des SCLV sind sowohl der CLV als auch die Empfehlungsrate ein betriebswirtschaftliche Kennzahlen.[194] Der Net Promotor Score (NPS) dient als Konzept zur Messung der Kundenloyalität und gibt Aufschluss über die Wahrscheinlichkeit, ob der Kunde das Unternehmen, das Produkt oder die Dienstleistung weiterempfiehlt. Der NPS subtrahiert die Kritiker von den Promotern und als Ergebnis erhält man den NPS.[195] Es wird davon ausgegangen, dass wenn ein Kunde mit einem Produkt und der Servicedienstleitung des Unternehmens zufrieden oder sogar davon begeistert ist, dass er dieses weiterempfiehlt. Die persönliche Empfehlung eines Produktes, Serviceleistung oder sogar der Marke ist nach wie vor die glaubwürdigste Form der Werbung. Kein geringerer als „Facebook"-Gründer Mark Zuckerberg äußerte sich 2007 zu dem Thema Empfehlungsmarketing: „Nichts interessiert eine Person mehr als Empfehlungen von einem vertrauten Freund".[196] Dieses belegt auch die von Nielsen in Auftrag gegebene Studie „Trust in Advertising". Demnach vertrauen 90 Prozent der befragten Personen einer Empfehlung von anderen Konsumenten. Mit 75 Prozent vertrauen sie ebenfalls Onlinerezensionen, danach folgen erst die Herstellerseiten, Magazine und andere Medien.[197]

Kritisch wird beim SCLV angesehen, dass im Gegensatz zum NPS weder die Einsparungen durch den Kundensupport in sozialen Medien, noch die Anzahl der Innovationen durch einen Kunden objektiv messbarere Faktoren sind. Kritisiert wird auch der Aufwand zur Bestimmung des SCLV, da die Erfassung pro Nutzer sehr teuer, unspezifisch und inkonsistent sein kann. Auch der Einsatz von anderen KPIs,

---

[194] Vgl. Shih (2011), S. 189 ff.
[195] Vgl. Reinke/Bock (2007), S. 308
[196] Vgl. Afp/lw (2011)
[197] Vgl. Nielsen (2012)

der sozialen Medien, welche objektiv bewertet werden können, ist aufgrund der mangelnden Aussagekraft der Qualität kritisch zu sehen. Die Anzahl der Freunde, Follower, Fans etc. sagt z.B. nichts über die Vertrauensbasis zum Multiplikator. Durch den Einsatz eines Social-Customer-Relationship-Management Werkzeuges und eines Social-Media-Monitoring Werkzeugs ist es jedoch denkbar, den SCLV mit weniger Aufwand zu bestimmen und die Kennzahl durch Anpassungen zu optimieren.

Sowohl die ABC-Analyse und die Berechnung des CLV sind wichtige Methoden zur Beurteilung des Kundenwertes. Zum einen können anhand der ABC-Analyse die ökonomisch wertvollen Kunden herausgefunden werden, zum anderen kann das Ergebnis dazu genutzt werden, Prioritäten beim Marketing und Vertrieb zu vergeben. Ebenfalls kann die ABC-Analyse dazu genutzt werden, die Plattform für die Social-Media-Kampagne zu bestimmen, begründet aus dem Resultat, dass viele wertvolle Kunden dort aktiv sind. Ermittelt werden kann das z.B. durch die Integration eines Social-Customer-Relationship-Management Werkzeuges. Der CLV hingegen beurteilt den Kundenwert und kann dem Unternehmen dienen, zu beurteilen wie sich der Kundenwert im Laufe der Beziehung ändert. Er kann zur Unterstützung genutzt werden, um darzustellen, wie sich eine Kundenbindungsmaßnahme auf den Kundenwert auswirkt. Der SCLV dient der Beurteilung von Multiplikatoren und Experten, welche hohes Potenzial für die Erreichung der Ziele der Social-Media-Kamapagne haben. Trotz aller Kritik ist die Analyse und die besondere Förderung dieser Kundengruppen wichtig, um den Erfolg der Social-Media-Kamapagne voranzutreiben. Von dieser Kundengruppe gehen besondere Werte aus, welche sich positiv auf die Kundenzufriedenheit von Bestandskunden auswirken können und deren Verbundenheit zum Unternehmen dadurch steigt.[198]

---

[198] Vgl. Shih (2011), S. 189 ff.

3.3. Kundenfluktuation & Kundenrückgewinnung

Die Kundenfluktuation beschreibt das Abwandern eines Kunden zu einem anderen Anbieter, um bisherige oder zukünftige Geschäftsbeziehungen zu beenden.[199] Die Kundenfluktuation ist ein Prozess aus beeinflussbaren und unbeeinflussbaren Faktoren.[200] Unzufriedenheit ist der häufigste Auslöser für einen Anbieterwechsel. Die Gründe der Unzufriedenheit und die daraus resultierende Kundenfluktuation sind laut des BMC Churn Index mangelnde Transparenz bei Problemen, zu wenige Anlaufstellen bei Kundenanfragen und keine Treueprämien für langjährige Kunden.[201] Unbeeinflussbare Faktoren wie z.B. Wegzug, finanzielle Notstände und familiäre Veränderungen lassen sich nicht vermeiden.[202] Durch den Einsatz verschiedener moderner Marketing Instrumente lassen sich ein paar der unbeeinflussbaren Faktoren zwar steuern, jedoch ist eine Kundenfluktuationsrate von „Null" nicht zu erreichen. Auch beeinflussbare Faktoren, wie eine hohe Kundenorientierung und daraus resultierend hohe Kundenzufriedenheit, bedeutet nicht, dass Kunden nicht zu einem anderen Anbieter abwandern. Das sogenannte Variety Seeking wird durch Homburg/Fürst/Sieben als inneres, intrinsisches Bedürfnis der Kunden nach Abwechslung definiert.[203] Abwanderungsgründe trotz hoher Kundenzufriedenheit sind Langeweile und Neugier.[204] Bis zu einem gewissen Grad können die nach Abwechslung suchenden Kunden durch neue Produktinnovationen und neue Dienst- und Serviceleistungen befriedigt werden. Auch durch intensivere Pflege ist es möglich, diesen Kundenstamm länger zu halten, jedoch sollte dieses im ökonomischen Rahmen gehalten werden.[205]

Die Kundenfluktuation von „Null" aus unternehmerischer Sicht ist ebenfalls nicht realisierbar, da in erster Linie die ökonomisch wertvollen Kunden zufriedengestellt werden müssen. Gründe hierfür sind begrenzte Marketing- und Vertriebsbudgets, die es nicht möglich machen, jeden Kunden zufriedenzustellen und eine hohe Kunden-

---

[199] Vgl. Morhard (o.J)
[200] Vgl. Perfect Score AG (o.J.)
[201] Vgl. Schwenk (2007)
[202] Vgl. Perfect Score AG (o.J.)
[203] Vgl. Sieben (2003), S. 56 ff.
[204] Vgl. Meffert (2000), S. 851
[205] Vgl. Homburg/Sieben/Stock (2004), S. 160

bindung in allen Kundengruppen zu erreichen.[206] Wie im Kapitel 3.2. Kundenwert erläutert, ist die ABC-Analyse ein Hilfsmittel, welches es möglich macht, ökonomisch wertvolle Kundengruppen zu definieren. Durch Maßnahmen einer verbesserten Kundenorientierung mit dem Ziel einer hohen Kundenzufriedenheit ist es möglich, die Kundenfluktuation gering zu halten. So zeigte eine Untersuchung von Reichheld/Sasser, dass es je nach Branche möglich ist, den Gewinn von 25 Prozent bis 85 Prozent zu steigern, wenn die Kundenfluktuationsrate um 5 Prozent verringert wird.[207] Studien belegen, dass ein erfolgreiches Kundenrückgewinnungsprogramm immer noch günstiger ist als die Neukundenakquise.[208] Im Rahmen des Kundenbeziehungsmanagements werden nicht nur die Neukundenakquise und die Kundenbindungsprogramme kontinuierlich verbessert, sondern auch das Churn-Management rückt in den Fokus unternehmerischer Aktivitäten.[209] So zeigt die empirische Studie „Kundenrückgewinnung" der Hochschule Darmstadt, dass 61 Prozent der befragten Unternehmen bereits Maßnahmen zur Wiedergewinnung von verlorenen Kunden betreiben. Mehr als die Hälfte der übrigen Unternehmen denken darüber nach, Churn-Management in Zukunft zu betreiben.[210]

Das Churn-Management hat zwei Ziele. Das erste Ziel ist das Abwehren von Kündigungen und deren Rücknahme. Das zweite Ziel ist es, ruhende oder abgebrochene Kundenbeziehungen wieder aufzubauen. Die Churn-Analyse ist ein Instrument des Churn-Managements und dient dazu, Erkenntnisse zu sammeln, wie hoch die Abwanderungsbereitschaft ist und warum Kunden gekündigt haben. Ziel der Churn-Analyse ist es, Kundenverluste zu verringern. Die Churn-Analyse wird in vier Schritten durchgeführt. Der erste Schritt ist ein geeignetes Messinstrument zur qualitativen Bewertung der Kundenverluste zu finden. Als zweites werden die Gründe der Abwanderung durch Befragungen und analytische Techniken analysiert. Im dritten Schritt werden Maßnahmen getroffen, um die identifizierten Ursachen der Kundenfluktuation einzudämmen, um im letzten Schritt eine Erfolgskontrolle mit den o.g.

---

[206] Vgl. Cornelsen (2001)
[207] Vgl. Holland (2011), S. 277
[208] Vgl. objective partner (2011)
[209] Vgl. Diller (1995), S. 136
[210] Vgl. Neu (2011)

Messinstrumenten durchzuführen und weitere Verbesserungsmaßnahmen durchzuführen.[211]

Frühwarnindikatoren für eine Kundenabwanderung sind die Androhung des Anbieterwechsels, Beschwerden, Streit und Verhandlungen über Zahlungskonditionen. Die Gründe des Wechsels sind für das Unternehmen durch verschiedene Instrumente abfragbar, so unter anderem auch über die sozialen Medien.[212] Neben einer weiteren Anlaufstelle für Kundenanfragen, sind die sozialen Medien wertvolle Informationsquellen im Rahmen des Churn-Managements, um zu analysieren, warum Kunden abwandern wollen. Durch die Beobachtung sozialer Kanäle bleiben Unternehmen darüber informiert, was die Kunden beschäftigt. So können abwanderungsgefährdete Kunden identifiziert werden und diese durch eine spezielle Kundenbehandlung oder Angebote zurückgewonnen werden.[213] Auch im Rahmen der Churn-Prevention wird ein hohes Potenzial in den sozialen Medien gesehen. Kunden können ihre Meinungen, Kritik oder Probleme direkt auf den Social-Media-Seiten des entsprechenden Unternehmens platzieren. Die Bearbeitung der kritischen Äußerungen und Probleme, welche durchaus auch Abwanderungsgründe sind, findet nicht mehr im Verborgenen statt, sondern ist öffentlich.[214] Im Rahmen der Churn-Prevention können Maßnahmen eingeleitet werden, welche individuell auf den einzelnen Kunden wirken. Denkbar ist auch die Ableitung von allgemeinen Maßnahmen zur Vermeidung von Kundenabwanderungen, wenn die kritischen Äußerungen und Probleme zum gleichen Thema von vielen Kunden kommen. Neben den allgemeinen Maßnahmen, welche unter anderem nicht kurzfristig eingeleitet werden können, ist es Aufgabe des Churn-Managements, in Zusammenarbeit mit einem eventuell vorhandenen Krisenmanagement, positiv auf die Nutzer einzuwirken. Ziel ist es, größere Kundenabwanderung zu vermeiden und die Kundenzufriedenheit wieder zu steigern.[215]

Langfristige Maßnahmen des Churn-Managements dienen letztendlich allen Kunden und wirken sich positiv auf den Kundenwert aus. Durch die Einbindung der sozialen Medien als Informationsquelle und des daraus resultierenden Maßnahmenkatalogs ist es denkbar, die Churn-Rate zu verringern. Die sozialen Medien ersetzen jedoch

---

[211] Vgl. Reineke/Bock (2007), S. 68
[212] Vgl. Bruhn/Homburger (2008), S. 276 ff.
[213] Vgl. Fogelmann (o.J.)
[214] Vgl. Aßmann (2012)
[215] Vgl. Addam (2012), S. 351 ff.

nicht die anderen Quellen zur Informationsbeschaffung wie z.B. die Analyse der Ergebnisse der subjektive Messverfahren von Kundenzufriedenheit, welche im Kapitel 3.1.1 Kundenzufriedenheit erläutert wurden. Zweifelhaft ist der Einsatz der sozialen Medien bei der Rückgewinnung bereits abgewanderter Kunden. Die Kunden erwarten eine persönliche Entschuldigung für die entstandenen Probleme und eine Wiedergutmachung durch finanzielle, immaterielle oder kombinierte Anreize. Der Kommunikationskanal über die sozialen Medien ist für die persönliche Kontaktaufnahme im Rahmen der Kundenrückgewinnung aus Sicht des Autors nicht ausreichend. So wird in der Unternehmenspraxis zu 60 Prozent der telefonische Dialog zum Kunden gesucht, gefolgt mit 18 Prozent durch Anschreiben des Kunden. Der Rückgewinnungsversuch in einem persönlichen Gespräch mit dem Kunden erfolgt bei 12 Prozent der Unternehmen.[216]

---

[216] Vgl. Sauerbrey (2000). S. 10 ff.

4. Social-Media: Unternehmensziele, Kennzahlen und der mögliche Weg zur Bestimmung des ROI

Der Anteil der Budgets, im Rahmen des Social-Media-Marketing, wird nach einer Studie von eMarketer bis zum Jahr 2016 auf 18,1 Prozent steigen.[217] Es stellt sich jedoch die Frage, wie der Einsatz der sozialen Medien sich auf den Unternehmenserfolg auswirken kann, um größere Budgets zu rechtfertigen. In diesem Kapitel werden im Detail die Kundenzufriedenheit und die Steigerung des Bekanntheitsgrads betrachtet. Es wurden im Kapitel 3.1.1 Kundenzufriedenheit mehrere Messinstrumente vorgestellt, welche die Gesamtzufriedenheit eines Kunden beurteilen können, jedoch ist die Frage nach betriebswirtschaftlichen Kennzahlen in den sozialen Medien offen geblieben.

Sowohl die Steigerung der Kundenzufriedenheit, als auch die Steigerung des Bekanntheitsgrades können strategische Ziele eines Unternehmens sein. Jedoch ist weder die Kundenzufriedenheit, noch die Erhöhung des Bekanntheitsgrades eine monetäre Messgröße und kein Teil von klassischen Managementsystemen. So hat sich im Rahmen der Führungsinstrumente zur Ausrichtung der Organisation an strategischen Zielen die Balanced Scorecard (BSC) durchgesetzt. Entwickelt wurde die BSC im Jahr 1997 von Robert S. Kaplan und David P. Norton an der Harvard Business School. Das Ziel der BSC ist es eine ausgewogene Sichtweise auf die Wertschöpfung in einem Unternehmen zu schaffen, in der auch nichtmonetäre Messgrößen betrachtet werden.[218] In der BSC spielen Kennzahlen eine zentrale Rolle, da sie zur Erfolgskontrolle dienen. Gleichzeitig dienen diese Kennzahlen aber auch als Ausgangspunkt zur Ableitung von konkreten Maßnahmen, um das strategische Ziel zu erreichen. Somit sind die abgeleiteten Maßnahmen nur geeignet, wenn diese sich auf die Kennzahl auswirken. In der klassischen BSC nach Kaplan/Norton sind vier Perspektiven miteinander verbunden. Die Kundenperspektive, die Finanzperspektive, die Geschäftsprozessperspektive und die Lern & Entwicklungsperspektive beeinflussen sich gegenseitig. Das bedeutet, wenn z.B. eine Kennzahl sich in der Kundenperspektive ändert, hat die Veränderung auch Einfluss auf die Finanz-

---

[217] Vgl. eMarketer (2011)
[218] Vgl. Fliege (2010)

oder Lern & Entwicklungsperspektive.[219] Die Social Media Balanced Scorecard (SMBC), welche von Fliege für das Social-Media-Marketing entwickelt wurde, erweitert die Urform der BSC um die Social-Media-Marketing Perspektive. Die Social-Media-Marketing Perspektive dient dazu, Strategieziele zu entwickeln, messbare Kennzahlen zu nutzen, Zielwerte zu definieren und entsprechende Maßnahmen zur Erreichung des Ziels zu beschreiben. Die Social Media Perspektive nimmt, genau wie in bei der klassischen BSC, Einfluss auf andere umliegende Perspektiven (Abbildung 11).

Abbildung 11: Social Media Balanced Scorecard

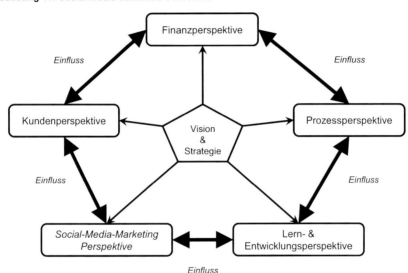

Quelle 11: In Anlehnung an Fliege (2011)

Um das strategische Social-Media-Marketing Ziel zu erreichen, muss eine Metrik bzw. ein Key Performance Indikator (KPI) definiert werden, welcher konsistent, frei von Subjektivität und möglichst einfach bestimmbar ist. In der SMBSC werden beispielsweise die KPIs von Owyang/Lovett angewandt.[220] Owyang/Lovett haben in der Studie „Social Marketing Analytics" gängige KPIs aus verschiedenen Social-Media-Analyse Werkzeugen ausgewertet. In der Studie wurde herausgefunden, dass vier Ziele des Social-Media-Marketings durch KPIs objektiv messbar sind und bereits

---

[219] Vgl. Kotler/Armstrong/Wong (2011), S. 194 ff.
[220] Vgl. Fliege (2010)

in den meisten Social-Media-Analyse Werkzeugen ausgewertet werden. Diese Ziele sind die Förderung des Dialogs (Foster Dialog), die Förderung der Befürworter (Promote Advocacy), Verbesserung des Kundenservices (Facilitate Support) und Innovationsvorteile (Spur Innovation) in den sozialen Medien (Abbildung 12).[221]

Abbildung 12: KPIs der sozialen Medien

Unternehmensziel	Key Performance Indikator
Foster Dialog	Share of Voice
Foster Dialog	Audience Engagement
Foster Dialog	Conversation Reach
Promote Advocacy	Active Advocates
Promote Advocacy	Advocate Influence
Promote Advocacy	Advocacy Impact
Facilitate Support	Issue Resolution Rate
Facilitate Support	Issue Resolution Time
Facilitate Support	Satisfaction Score
Spur Innovation	Topic Trends
Spur Innovation	Sentiment Ratio
Spur Innovation	Idea Impact

Quelle 12: In Anlehnung an Owang/Lovett (2010), S.10

Durch die Förderung des Dialogs als Unternehmensziel ist sowohl die Kommunikation des Unternehmens mit den Nutzern, als auch die Kommunikation der Nutzer untereinander gemeint. Unternehmen bieten hier die Möglichkeit, auf den verschiedenen Social Media Plattformen den Dialog mit ihren „Fans" aufzubauen. Die messbaren KPIs sind Share of Voice, Audience Engagement und Conversation Reach. Die Förderung der Befürworter erhöht die Reichweite, fördert elektronische Mund-zu-

---

[221] Vgl. Owang/Lovett (2010), S. 10 ff.

Mund-Propaganda und Informationsverbreitung in den verschiedenen sozialen Medien. Die Identifizierung und Kommunikation mit den Befürwortern ist für Unternehmen wichtig, da diese als Multiplikator dienen und wird durch die KPIs Active Advocates, Advocate Influence und Advocacy Impact gemessen. Durch die Förderung des Kundendiensts über die sozialen Medien wird ein weiterer Kundenkontaktkanal zum Unternehmen geöffnet. Nicht nur Mitarbeiter des Unternehmens bearbeiten Kundenanfragen über die sozialen Medien, sondern auch Nutzer unterstützen sich über die Plattformen gegenseitig oder helfen dem Unternehmen bei der Bearbeitung von Kundenanfragen, da diese durchaus auch über das nötige Know-how verfügen. Die Nutzer helfen sich z.B. bei technischen Fragen oder allgemeinen Themen. Die KPIs sind hier Resolution Rate, Resolution Time und Satisfaction Score. Die Kennzahl Innovation zeigt das Engagement von Unternehmen im Bereich der sozialen Medien und die Einbindung der Kundenbedürfnisse in Innovationsprozesse. Topic Trends, Sentiment Ratio und Idea Impact können als KPIs ausgewertet werden.[222] Durch die Fragestellung des Buchs erfolgt die Eingrenzung der Unternehmensziele des Sozial-Media-Marketings auf die Steigerung der Kundenzufriedenheit und die Steigerung des Bekanntheitsgrades.

KPIs, welche sich auf die Verbesserung der Kundenzufriedenheit auswirken, wurden durch Owyang/Lovett als Issue Resolution Rate, Issue Resolution Time und Satisfaction Score definiert. Die Strategie die hier verfolgt werden könnte, ist der Einsatz von Kundenservicemitarbeitern in den sozialen Medien. Diese bearbeiten z.B. Störungen, technische Anfragen oder allgemeine Themen, die Kunden über die sozialen Medien anfragen und über diesen Kundenkontaktkanal um Hilfe bitten. Durch die KPIs werden die Anzahl der gelösten Kundenservicefälle, die Geschwindigkeit bis zur Lösungsfindung und das Maß der Kundenzufriedenheit gemessen.[223]

Die Issue Resolution Rate (Abbildung 13) misst das Verhältnis der zur Zufriedenheit gelösten Kundenanfragen über die sozialen Medien. Hierbei wird die Anzahl der gelösten Kundenanfragen durch die Anzahl aller Kundenanfragen auf dem Unternehmensauftritt in den sozialen Medien gemessen. Zur Bewertung, ob eine Kundenanfrage zur Zufriedenheit des Kunden gelöst wurde, kann eine Kundenumfrage

---
[222] Vgl. Owang/Lovett (2010), S. 18 ff.
[223] Vgl. Owang/Lovett (2010), S. 18 ff.

genutzt werden. Es ist aber auch möglich, das vom Nutzer gegebene Feedback innerhalb der sozialen Medien zu bewerten. Aus der Sicht der SMBSC werden hier mehrere Perspektiven beeinflusst. Die „Issue Resolution Rate" kann sich auf die Kundenperspektive und somit z.B. auf die Gesamtzufriedenheit der Kunden auswirken. Auch die Durchführung von Schulungsmaßnahmen zur Steigerung der Effizienz der Mitarbeiter, welche den Kundenservicekanal der sozialen Medien betreuen, kann Einfluss über Lern- und Entwicklungsperspektive auf die Social-Media-Marketing Perspektive nehmen. Konkrete Schulungsmaßnahmen sind hier z.B. Schulungen auf Produkte, welche häufig über die sozialen Medien unterstützt werden müssen.[224]

Der KPI „Issue Resolution Time" bewertet die durchschnittliche Zeit von der Eröffnung einer Kundenserviceanfrage bis zur Lösung (Abbildung 14). Ziel ist es, mit dem KPI die Effizienz des Kundenservice zu bewerten, als auch Optimierungspotenzial zu erkennen. Der KPI „Issue Resolution Time" kann ebenfalls als Vergleichskennzahl genutzt werden, um andere Kundenkontaktkanäle wie z.B. den Kundenservice über eMail oder eine Telefonhotline zu vergleichen. Um den KPI zu bestimmen, wird die Gesamtzeit zur Lösung der Anfragen durch die Anzahl der Serviceanfragen dividiert. Als Ergebnis erhält das Unternehmen die „Issue Resolution Time". Ähnlich wie beim KPI „Issue Resolution Rate" kann sich dieser KPI auf die Kundenperspektive und somit z.B. auf die Gesamtzufriedenheit der Kunden auswirken. Auch eine Optimierung der Prozessperspektive kann sich positiv auf die „Issue Resolution Time" auswirken. Denkbar ist hier die Verschlankung der Prozesse, z.B. durch den Einsatz von Fachabteilungen, die direkt den Kundenservice in den sozialen Medien durchführen.

Abbildung 14: Issue Resolution Time

$$\text{Issue Resolution Time} = \frac{Total\ Inquiry\ Response\ Time}{Total\ Number\ Service\ Inquiries}$$

Quelle 14: In Anlehnung an Owang/Lovett (2010), S.19

Der KPI „Satisfaction Score" stellt die Zufriedenheit der Kunden durch den Einsatz des Kundenservice in den sozialen Medien dar (Abbildung 15). Die Rückmeldung

---
[224] Vgl. Fliege (2010)

des einzelnen Kunden wird bewertet und setzt sich herbei aus der Qualität, der Zeit bis zur Beantwortung, dem Nutzen und der Gesamtleistung zusammen. Andere Bewertungskriterien können auch in die Bewertung einfließen, sofern diese objektiv messbar sind. Das Ergebnis der einzelnen Rückmeldung des Kunden wird dann durch die Rückmeldungen aller Kunden geteilt. Das Ergebnis ist der „Satisfaction Score". Ziel des KPIs ist die Qualität des Kundenservice zu überprüfen und Optimierungspotenziale, durch z.B. Schulungen oder Prozessoptimierung, aufzuzeigen. Der „Satisfaction Score" birgt jedoch Risiken, da die Qualität, der Nutzen, die Gesamtleistung und ähnliche Bewertungskriterien nicht immer objektiv bewertet werden können. Denkbar ist eine Kundenumfrage, welche speziell auf den Einsatz in den sozialen Medien zugeschnitten ist und in der der Kunde objektiv seine Zufriedenheit bewerten kann. Diese Kundenumfrage wird dem Nutzer nach der abgeschlossenen Bearbeitung seiner Kundenserviceanfrage zugesandt, mit der Bitte diese zu beantworten.

Abbildung 15: Statisfaction Score

$$\text{Statisfaction Score} = \frac{Customer\ Feedback\ (input\ A, B, C, \dots n)}{All\ Customer\ Feedback}$$

Quelle 15: In Anlehnung an Owang/Lovett (2010), S.20

Sowohl Issue Resolution Rate, als auch Issue Resolution Time und der Statisfaction Score haben das Potential zur Bewertung der Kundenzufriedenheit. Die Strategie, die hierbei verfolgt wird, ist der Einsatz von Kundenserviceleistungen in den sozialen Medien. Der Kunde wird hierbei durch schnellen und qualitativ hochwertigen Kundenservice zufriedengestellt. Im Rahmen des Einsatzes der SMBSC hat die Lern- und Entwicklungsperspektive und auch die Prozessperspektive Einfluss auf die Qualität des Kundenservice in den sozialen Medien. Eine hohe Qualität des Kundenservice, in den sozialen Medien, wirkt sich auf die Social-Media-Marketing Perspektive aus und beeinflusst auch die Kundenperspektive. Letztendlich beeinflusst die Gesamtheit der einzelnen Perspektiven auch die Finanzperspektive. Durch die Erreichung des Ziels „Verbesserung der Kundenzufriedenheit" und die damit verbundenen KPIs ist es denkbar auch Ziele der Finanzperspektive zu beeinflussen. Dieses Ziel könnte die Erhöhung des Unternehmensgewinns sein. Eine denkbare Strategie ist es, Teile des Kundenservices über die klassischen Kundenkontaktkanäle wie Telefon und eMail in die sozialen Medien zu verlagern, um Kosten zu minimieren.

Durch die Strategie des Betriebs von Kundenservice, den Einsatz von Marketingaktionen und Markenbotschaftern ist es denkbar, das Ziel die Erhöhung des Unternehmensumsatzes zu erreichen.[225]

Auch die Steigerung des Bekanntheitsgrades innerhalb der Social-Media-Marketing Perspektive kann mit einem KPI gemessen werden. Hierbei wird der sogenannte „Share of Voice" zur Hilfe genommen. Bei diesem KPI wird verglichen, wie oft die Marke bzw. das Unternehmen im Verhältnis zum Wettbewerb in den sozialen Medien genannt wurde (Abbildung 16). Ziel ist es, sowohl den Erfolg von Marketingmaßnahmen des Unternehmens, als auch die des Wettbewerbs zu messen. Ebenfalls dient der KPI dazu, Marktanteil und Share of Voice in Relation zur Konkurrenz zu bewerten. Ist die Anzahl der Erwähnungen unter dem gewünschten Ergebnis, muss davon ausgegangen werden, dass die Mittel zur Steigerung des Bekanntheitsgrades falsch oder ineffizient eingesetzt werden.[226]

Abbildung 16: Share of Voice

$$\text{Share of Voice} = \frac{Brand\ Mentions}{Total\ Mentions\ (Brand\ and\ Competitor\ A, B, C\ \dots)}$$

Quelle 16: In Anlehnung an Owang/Lovett (2010), S. 13

Ebenfalls ist es wichtig zu beurteilen, ob die Erwähnungen positiv oder negativ sind. Studien gehen davon aus, dass 20 bis 40 Prozent der Beiträge manuell aufgearbeitet werden müssen. Bei der Analyse von Tonalitäten bzw. Stimmungen innerhalb der Beiträge kommen viele automatisierte Werkzeuge, welche auch den Share of Voice messen sollen, an ihre Grenzen. Verfahren der Stimmungsanalyse wie z.B. das „Natural Language Processing" oder „Text Mining" identifizieren positiv oder negativ klingende Begriffe und setzten sie in Zusammenhang zum definierten Suchbegriff. Der Suchbegriff identifiziert hierbei ein Produkt, eine Dienstleistung, das Unternehmen oder die Marke.[227] Wichtig bei der Analyse ist eine dauerhafte Beobachtung des KPIs, um Trends zu beobachten. Ziel sollte es sein, die Marktanteile und auch den Bekanntheitsgrad durch eine erfolgreiche Social-Media-Marketing-Strategie möglichst kontinuierlich zu erhöhen. Ist der KPI „Share-of-Voice" zu niedrig oder auch die

---
[225] Vgl. Owang/Lovett (2010), S. 13 ff. u. Fliege (2010)
[226] Vgl. Owang/Lovett (2010), S. 18 ff.
[227] Vgl. Griffel/Foster (2010)

Anzahl der negativen Erwähnungen zu hoch, sollte das Unternehmen die Social-Media-Marketing-Strategie überdenken, um nicht auch andere Perspektiven in der SMBSC zu beeinträchtigen.[228]

Weitere KPIs welche objektiv bewertet werden können, sind die Anzahl der Fans (Facebook), Follower (Twitter) und Abonnenten (Blog, YouTube). Auch die Anzahl der Likes (Facebook), Retweets (Twitter) und Klicks (YouTube) der einzelnen Veröffentlichungen können zur Bewertung der Steigerung des Bekanntheitsgrades herangezogen werden.[229] Zwar beeinflussen einzelne KPIs auch unterschiedliche Perspektiven der SMBSC, wie z.B. die finanzielle Perspektive, jedoch ist es kritisch zu bewerten, in wie weit der Einsatz der sozialen Medien sich auf den Verkauf auswirkt und wie dieser am Point of Sale (POS) gemessen werden kann. Es gibt Ansätze, welche technisch versuchen, auf eCommerce Plattformen Rückschlüsse zu ziehen und zu analysieren wie sich eine Social-Media-Marketing Kampagne auf den Verkauf auswirkt. Durch den Einsatz von Cookies und Tracking-IDs können Nutzer zurückverfolgt werden. Dieses wird jedoch teilweise durch die Nutzer und auch die Social Media Plattform eingeschränkt.[230] Der Einsatz von Promotion-Codes, welche dem Nutzer z.B. einen Rabatt gewähren, ist eine wirkungsvollere Methode. Promotion-Codes können sowohl im eCommerce, als auch im klassischen Handel genutzt werden. Sie sind daher am ehesten geeignet am POS zu bewerten, wie hoch das Verhältnis zwischen der Anzahl der eingelösten Promotion-Codes und der Anzahl der Besuche einer Social Media Kampagne ist (Abbildung 17).[231] Das Ziel der Promotion-Codes oder auch Coupons ist es, nicht nur Verkaufszahlen sondern die Reichweite von Kampagnen zu messen. Der Ansatz zur Erfolgsmessung der Reichweite wird weiter im 3R-Modell (Reichweite, Reputation und ROI) von Griffel und Foster dargestellt.[232]

---

[228] Vgl. Radünz (2011)
[229] Vgl. Tobesocial (2012)
[230] Vgl. Scharnhorst (o.J.)
[231] Vgl. Blanchard (2012), S. 318
[232] Vgl. Griffel/Foster (2010)

Abbildung 17: Promotion Verkäufe

$$\text{Promotion Verkäufe} = \frac{\text{Eingelöste Promotion} - \text{Codes oder Coupons}}{\text{Klickrate einer Social Media Kampagne}}$$

Quelle 17: In Anlehnung an Owang/Lovett (2010), S. 13

Der Return on Investment (ROI) ist ein Modell zur Messung der Rendite einer unternehmerischen Tätigkeit gemessen am Investitionsertrag im Verhältnis zum Investitionsaufwand. Bis heute gibt es trotz vieler Ansätze keine genaue Beschreibung wie der ROI des Einsatzes der sozialen Medien von einem Unternehmen gemessen werden kann. Dieses liegt daran, dass es zwar einige KPIs gibt, diese aber keine offensichtlich monetären Auswirkungen auf den Unternehmensertrag haben. Dem Unternehmen entstehen auf der einen Seite Kosten durch den Einsatz von Personal, Technologie und Zeit. Auf der anderen Seite erwartet die Unternehmensführung aber auch einen Ertrag, welches den Einsatz des Unternehmens in den sozialen Medien rechtfertigt.[233] Nach der Studie „The Economics of the Socially Engaged Enterprise" gaben 84 Prozent der Unternehmen an, dass die Effektivität des Marketings und des Verkaufs durch den Einsatz der sozialen Medien gesteigert wurde. Weitere 81 Prozent der befragten Unternehmen gaben an, dass Marktanteile weiter ausgebaut wurden. 68 Prozent der Unternehmen fanden sogar, dass sie ihre Service- und die Produktqualität durch den Einsatz der sozialen Medien steigern konnten. Es wurde trotz aller positiven Worte jedoch angemerkt, dass 45 Prozent der befragten Unternehmen nicht klar ist, wie der ROI des Sozial-Media-Einsatzes berechnet werden kann. Die mangelnden Methoden führen sogar dazu, dass die Unternehmen nicht mehr Ressourcen in den Einsatz der sozialen Medien investieren.[234]

Einige Unternehmen nutzen jedoch klassische Methoden zur Bestimmung des ROI der sozialen Medien. Es wird davon ausgegangen, dass der Einsatz von Promotion-Codes, welche dem Nutzer z.B. einen Rabatt gewähren, eine wirkungsvollere Methode zur Messung von Investitionserträgen ist. Promotion-Codes können sowohl im eCommerce, als auch im klassischen Handel eingelöst werden. Sie sind geeignet, um zu bewerten, welche Erträge durch das Einlösen der Promotion-Codes erwirt-

---
[233] Vgl. Blanchard/Heymann-Reder (2012), S. 277
[234] Vgl. Page (2012)

schaftet wurden. Ein weiterer Vorteil der Promotion-Codes ist, dass diese nicht nur für einzelne Kampagnen genutzt werden können, sondern auch für verschiedene Sozial Media Plattformen individualisiert werden können. Das heißt, dass es Promotion-Codes gibt, welche z.B. auf Facebook einen anderen Code als bei Twitter haben. Dieses ist für das Marketing relevant, um zu sehen, welche Plattformen durch die Kunden des Unternehmens mehr genutzt werden. Der Vorteil besteht darin, dass das Unternehmen evtl. in einer nächsten Kampagne einen größeren Fokus auf die Sozial-Media-Plattform legt, welche auch eine größere Kundengruppe aufweist, um so eine Umsatzmaximierung zu erreichen.[235]

Eine ähnliche Methode zur Herleitung des ROI basiert auf historischen Daten. Jedoch wird hierbei eine Zeitleiste zur Hilfe genommen, welche dokumentiert, wann welche Marketingaktivität über welches Kommunikationsmedium stattgefunden hat. Dieses hat den Vorteil, nicht nur Auswirkungen einer einzelnen Kampagne auf den Umsatz oder Wachstum zu zeigen, sondern auch die Anzahl der Erwähnungen in den Medien, auf Grundlage verschiedener dokumentierter Kampagnen, zu analysieren. Sozial-Media-Monitoring Werkzeuge überwachen die sozialen Medien und werten unterschiedlichste Kennzahlen aus. Unter anderem auch die Anzahl der Erwähnungen für jede einzelne internetbasierte Plattform.[236] Gleichzeitig wird eine Stimmungsanalyse durchgeführt, um zwischen positiven und negativen Erwähnungen zu unterscheiden. Hierbei ist das Ziel zu erfahren, wie sich die eingeleitete Kampagne auf die Stimmung der Konsumenten gegenüber dem Unternehmen auswirkt. Es wird davon ausgegangen, dass durch eine positive Stimmung Präferenzen zugunsten des Unternehmens durch den Konsumenten aufgebaut werden und eine wachsende Anzahl von Befürworter sich positiv auf den Umsatz auswirkt.[237] Parallel zur Messung von Erwähnungen und der enthaltenen Konsumentenstimmung werden auch die Vorboten von Transaktionen gemessen. Diese sind z.B. steigende Besucherzahlen der Sozial-Media Kampagne, der Unternehmenswebseite und der Ladengeschäfte. Aber auch Kennzahlen aus den sozialen Medien, wie die steigende Anzahl der Fans, Follower, Likes, Shares etc. können zur Messung von Vorboten von Transaktionen genutzt werden. Auf Basis der Vorboten von Transaktionen, der

---
[235] Vgl. Blanchard/Heymann-Reder (2012), S. 280
[236] Vgl. Blanchard/Heymann-Reder (2012), S. 281 ff.
[237] Vgl. Griffel/Foster (2010)

Anzahl der Erwähnungen, der Stimmungsanalyse und der zugrundeliegenden Zeitleiste von Aktivitäten werden die erhobenen Daten übereinander gelegt. Die zusammengeführten Daten zeigen dann den Einfluss zwischen einer eingeleiteten Marketing-Kampagne und der Veränderung des Besuchsverhaltens des Konsumenten. Analysiert das Unternehmen zusätzlich die abgeschlossenen Transaktionen, ist es möglich, den zusätzlichen Einfluss der Marketing-Kampagnen auf den Umsatz zu analysieren (Abbildung 18) und den ROI einzelner Social-Media-Marketing Aktivitäten zu bestimmen.

Abbildung 18: Zeitleiste der Aktivitäten: Einfluss auf Besucher- und Umsatzzahlen

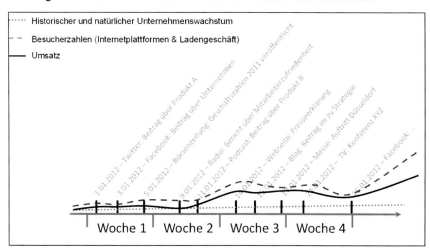

Quelle 18: Eigene Darstellung in Anlehnung Blanchard/Heymann-Reder (2011), S.293

Kritisch ist bei der Methode jedoch, dass vorhergehende Aktivitäten nicht genau abgegrenzt werden können und der ROI nur annährungsweise bestimmt werden kann. Aus diesem Grund ist es wichtig, möglichst realistische Muster zu finden, Zusammenhänge nachzuweisen und zu widerlegen. Ein weiterer Kritikpunkt ist, dass sinkende und steigende Produktpreise Einfluss auf das Konsumverhalten haben und dieses sich auf den Umsatz auswirken kann. Dieser Umstand führt gegebenenfalls auch zur Verzerrung bei der Bestimmung des ROI der Social-Media-Marketing Aktivitäten.[238]

---

[238] Vgl. Blanchard/Heymann-Reder (2012), S. 289 ff.

5. Fazit

Zusammenfassend lässt sich sagen, dass die sozialen Medien heutzutage einen großen Stellenwert bei den Konsumenten haben. Dieses liegt unter anderem daran, dass die Konsumenten sich nicht nur über diese internetbasierten Plattformen miteinander vernetzen und kommunizieren, sondern auch durchaus den Dialog mit den Unternehmen suchen. Die Konsumenten wollen über die sozialen Medien ihre Meinung äußern und somit zu Prozess- und Produktverbesserungen beitragen. Ebenfalls ist es Wunsch der Kunden, über die sozialen Medien Kundenservice und Informationen über besondere Angebote zu erhalten. Glaubwürdigkeit, Transparenz und Authentizität wird hier von den Unternehmen erwartet. Einige Unternehmen haben jedoch noch nicht den Wechsel von der klassischen Push- zur Pull-Strategie in den sozialen Medien durchgeführt. So werden durch die Betreiber der Sozial-Media-Plattformen und den vertretenen Unternehmen persönliche Daten der Nutzer für Marketingzwecke gesammelt und Werbekampagnen durchgeführt, aber kein Dialog mit dem Kunden gefördert. Die sozialen Medien haben durch die Masse an Nutzern eine wesentlich höhere Reichweite als klassische Kundenbindungsinstrumente wie z.B Kundenclubs und Kundenkarten. Ähnlich wie bei diesen beiden Kundenbindungsinstrumenten ist der Anspruch der Kunden an das Unternehmen, Mehrwerte durch die Verbundenheit zu erhalten. Jedoch ist es nur eingeschränkt möglich, Konsumenten in den sozialen Medien zu selektieren und Leistungsangebote genau auf bestimmte Zielgruppen abzustimmen. Durch mangelnde Homogenität innerhalb des Kundenkreises ist der Einsatz der sozialen Medien nicht für jedes Unternehmen geeignet. Ebenfalls sind die sozialen Medien als Marketinginstrument ungeeignet, wenn nur wenige Kunden des Unternehmens diese nutzen. Erschwerend kommt die Selektion der Plattformen hinzu. Hierbei sollte möglichst ökonomisch vorgegangen werden, da auch hier geprüft werden muss, auf welchen Plattformen die Kunden des Unternehmens aktiv sind. Ziel ist es, möglichst einen breiten Kundenstamm über die gewählten Plattformen zu erreichen.

Eine hohe Kundenorientierung ist eine Strategie, um eine hohe Kundenzufriedenheit zu erreichen und dadurch die Kundenbindung zu fördern. Ziel ist es, nicht mehr den Kunden durch Wechselbarrieren an das Unternehmen zu binden, sondern die Verbundenheit des Kunden durch die Förderung der Kundenloyalität zu erreichen.

Die sozialen Medien sind zwar durch verschiedene Methoden dazu geeignet, die Kundenbindung zu verbessern, jedoch ist dieses ein freiwilliger getriebener Prozess der Kunden. Die sozialen Medien sollten als Teilprozess des Unternehmens gesehen werden. Kundenbindung und dadurch die Verbesserung des CLV wird nicht alleine durch den Einsatz der sozialen Medien erreicht, sondern durch die Gesamtheit der eingesetzten Mittel des Marketing-Mix.

Ist der Einsatz der sozialen Medien durch ein Unternehmen geplant, so ist es wichtig messbare Ziele zu definieren und darauf aufbauend eine Strategie, z.B. mit der SMBSC zu erarbeiten. Ist es das Ziel des Unternehmens, durch den Einsatz der sozialen Medien die Kundenzufriedenheit zu verbessern und dadurch die Kundenbindung zu steigern, bestehen jedoch Hürden in der Messung der Kundenbindung. Es gibt viele Hilfsmittel und Messverfahren, um die Kundenbindung und Kundenzufriedenheit außerhalb der sozialen Medien zu beurteilen, jedoch nur einen KPI der den Grad der Zufriedenheit und die daraus resultierende Bindung durch die sozialen Medien darstellen kann. Zudem ist der KPI „Customer Statisfaction" nicht objektiv durch das Unternehmen beurteilbar und ist daher als kritisch zu bewerten. Ein weiterer Kritikpunkt an dem KPI ist, dass dieser sich nur auf den Kundenservice in den sozialen Medien beschränkt. Eine Beurteilung, wie sich der gesamte Einsatz der sozialen Medien sich auf die Kundenbindung auswirkt, ist nicht möglich. Ist es das Ziel des Unternehmens, die Kundenbindung zu erhöhen, so ist es sinnvoll, in den sozialen Medien den Kunden zuzuhören und daraus Handlungsverbesserungen abzuleiten. Der Einsatz der sozialen Medien unterstützt nur ereignis- und merkmalsbezogene Verfahren zur Beurteilung der Kundenzufriedenheit, ersetzt diese aber nicht. Die Messung der Zufriedenheit der Kunden und daraus den Grad der Kundenbindung zu bestimmen, ist heutzutage aus Sicht des Autors nur mit klassischen Messverfahren möglich.

Ist es Ziel des Unternehmens, die Kundenaktivität zu erhöhen und damit Verkaufszahlen zu steigern, ist der Einsatz der sozialen Medien bei einem breiten Kundenstamm, welcher auch in hier aktiv ist, sinnvoll. Zwar kann eine erhöhte Kundenaktivität durch Social-Media-KPIs wie z.B. Fans, Follower, Likes, Shares etc. innerhalb der sozialen Medien gemessen werden, jedoch wie sich eine erhöhte Kundenaktivität im Ladengeschäft auswirkt, ist nur mit begrenzten Methoden, wie z.B. der Einsatz von Promotion-Codes, messbar. Einfacher gestaltet sich die Analyse beim Betrieb von

Onlineshops. Der Einsatz von Cookies und Tracking-IDs ermöglicht die Beurteilung, von woher die Konsumenten hergekommen sind und welche Social-Media-Kampagne zum Kauf animiert hat. Auch die Bestimmung des ROI durch den Einsatz der sozialen Medien ist noch nicht eindeutig möglich. Die Erlöse aus einer Social-Media-Kampagne sind nur näherungsweise bestimmbar und setzen sich hierbei nur aus einzelnen Aktivitäten zusammen. Betriebswirtschaftlich relevante Kennzahlen und die Bestimmung des ROI werden auch in Zukunft die Rechtfertigung zum Betrieb von Social-Media-Kampagnen erschweren. Ob sich Social-Media-Marketing auf die Kundenbindung auswirkt, ist bis auf wenige Ausnahmen, wie z.B. Crowdsourcing und Kundenservice über die sozialen Medien, fragwürdig.

Literaturverzeichnis

Addam (2012) - Addam, Lukas: Face to Face, 1. Auflage, Galileo Press: Bonn 2012

Alby (2008) - Alby, Tom: Web 2.0: Konzepte, Anwendungen, Technologien, 3. Auflage, Hanser Verlag: München 2008

Bergmann (1998) - Bergmann, Katja: Angewandtes Kundenbindungs-Management, 1. Auflage, Peter Lange Verlag: Frankfurt/Main 1998

Blanchard/Heymann-Reder (2012) - Blanchard, Oliver; Heymann-Reder, Dorothea: Social Media ROI – Messen Sie den Erfolg Ihrer Marketing-Kampagne, 1. Auflage, Addison-Wesley: München Verlag 2012

Bruhn (2001) - Bruhn, Manfred: Qualitätsmanagement für Dienstleistungen: Grundlagen, Konzepte, Methoden , 2. Auflage, Springer Verlag: Heidelberg 2001

Bruhn/Homburger (2008) - Bruhn, Manfred; Homburger, Christian: Handbuch Kundenbindungsmanagement: Strategien und Instrumente für ein erfolgreiches CRM, 6. Auflage, Gabler: Wiesbaden 2008

Butscher (1997) - Butscher, S. (1997): Kundenclubs als modernes Marketinginstrument, 3. Aufl., Ettlingen 2007

Detecon/Munich Business School (2010) - Detecon; Munich Business School: Kundenservice der Zukunft. Mit Social Media und Self Services zur neuen Autonomie des Kunden., o.V., Detecon: Bonn 2010

Diller (2005) - Diller, Herrmann: Kundenmanagement, in: Tietz, Bruno/Köhler, Richard/Zentes, Joachim (Hrsg.), Handwörterbuch des Marketing, 2. Auflage, Schäffer Poeschel: Stuttgart 1995

Diller/Frank (1996) - Diller, Hermann.; FRANK, F.: Ziele und Zielerreichung von Kundenclubs, Arbeitspapiere des Lehrstuhls für Marketing an der Universität Erlangen-Nürnberg, Nr. 45, Nürnberg 1996

Dreyer/Dehner (2003) - Dreyer, Axel; Dehner, Christian: Kundenzufriedenheit im Tourismus: Entstehung, Messung und Sicherung mit Beispielen aus der Hotelbranche, 2 Auflage, Oldenbourg Verlag: München 2003

Förster (2002) - Förster, Anja;Kreuz, Peter: Offensives Marketing im E-Business: Loyale Kunden gewinnen - CRM-Potenziale nutzen, 1. Auflage, Springer Verlag: Berlin 2002

Grabs/Bannour (2011) - Grabs, Anne; Bannour,Karim-Patric: Follow me!: Social-Media-Marketing mit Facebook, Twitter, XING, YouTube und Co., 1. Auflage, Galileo Computing Verlag: Bonn 2011

Hettler (2010) - Hettler, Uwe: Social-Media-Marketing : Marketing mit Blogs, Sozialen Netzwerken und weiteren Anwendungen des Web 2.0, 1. Auflage, Oldenburg Verlag: München 2010

Hilker (2012) - Hilker, Claudia: Erfolgreiche Social-Media-Strategien für die Zukunft - Mehr Profit durch Facebook, Twitter, Xing und Co., 1. Auflage, Linde Verlag: Wien 2012

Hinterhuber/Pechlaner (2004) - Hinterhuber, Hans; Pechlaner, Harald; Kaiser, Marc-Oliver; Kurt, Matzler: Kundenmanagement als Erfolgsfaktor, 1. Auflage, Erich Schmidt Verlag: 2004

Holland (2011) - Holland, Heinrich: Direktmarketing: Im Dialog mit dem Kunden, 3. Auflage, Vahlen Verlag: München 2011

Homburg/Sieben/Ruth (2004) - Homburg, Christian/Sieben, Frank/Stock, Ruth (2004): Einflussgrößen des Kundenrückgewinnungserfolgs. Theoretische Betrachtung und empirische Befunde im Dienstleistungsbereich, in: Marketing ZFP, Vol. 26, 2004

Homburg/Werner (1998) - Homburger, Christian; Werner, Harald: Kundenorientierung mit System: Mit Customer Orientation Management zu profitablem Wachstum, 1. Auflage, Campus Verlag: Frankfurt 1998

Kleinaltenkamp/Plinke/Geiger/Jacob/Söller (2011) - Kleinaltenkamp, Michael; Plinke, Wulff; Geiger, Ingmar; Jacob, Frank; Söller, Albrecht: Geschäftsbeziehungsmanagement: Konzepte, Methoden und Instrumente, 2. Auflage, Gabler Verlag: Wiesbaden 2011

Kotler/Armstrong/Wong (2011) - Kotler, Philip; Armstrong, Gary; Wong, Veronica; Saunders, John: Grundlagen des Marketing, 5. Auflage, Pearson Verlag: München 2011

Link/Hildebrandt (2000) - Link, Jörg; Hildebrandt, Volker G.: Wettbewerbsvorteile durch Online Marketing: Die strategischen Perspektiven elektronischer Märkte, 2.Auflage, Springer Verlag: Heidelberg 2000

Mefert/Burmann/Kirchgeorg (2012) – Mefert, Heribert; Burmann, Christoph; Kirchgeorg, Manfred: Mrketing: Grundlagen marktorientierter Unternehmensführung, 11. Auflage, Gabler Verlag: Wiesbaden 2012

Meffert (2000) - Meffert, Heribert: Marketing, 9. Auflage, Gabler Verlag: Wiesbaden 2000

Meffert/Burmann/Kirchgeorg (2012) – Meffert, Heribert/Burmann, Christoph/Kirchgeorg, Manfred: Marketing: Grundlagen marktorientierter Unternehmensführung, 11. Auflage, Gabler Verlag: Wiesbaden 2012

Moser (2007) - Moser, Klaus: Wirtschaftspsychologie, 1. Auflage, Springer Verlag: Heidelberg 2007

Paul (2008) - Paul, Ulrike: Podcast als Kommunikationsinstrument - Möglichkeiten und Grenzen aus Unternehmenssicht, 1. Auflage, Grin Verlag: München 2008

Pepels (2002) - Pepels, Werner: Bedienungsanleitungen als Marketinginstrument, 1. Auflage, Expert Verlag: Renningen 2002

Preßmar (1995) – Preßmar, Dieter: Total Quality Management, Gabler Verlag: Wiesbaden 1995

Reder-Heymann (2011) - Reder-Heymann, Dorothea: Social-Media-Marketing - Erfolgreiche Strategien für Sie und Ihr Unternehmen, Addison-Wesley Verlag: München 2011

Reinke/Bock (2007) - Reineke, Rolf-Dieter; Bock, Friedrich: Gabler Lexikon Unternehmensberatung, 1. Auflage, Gabler Verlag: Wiesbaden 2007

Rothlauf (2010) - Rothlauf, Jürgen: Total Quality Management in Theorie und Praxis: Zum ganzheitlichen Unternehmensverständnis, 3. Auflage, Oldenbourg Wissenschaftsverlag: München 2010

Sauerbrey (2000) - Sauerbrey, Christa: Studie zum Customer Recovery Management von Dienstleistern - Ergebnisbericht -, Arbeitspapier 45/00, FB Wirtschaft der FH Hannover: Hannover 2000

Scharnbacher/Kiefer (2003) - Scharnbacher, Kurt; Kiefer, Guido: Kundenzufriedenheit: Analyse, Meßbarkeit und Zertifizierung, 3. Auflage, Oldenburg Verlag: München 2003

Schindler/Liller (2011) - Schindler, Marie-Christine; Liller, Tapio: PR im Social Web, 1. Auflage, O'Reilly Verlag: Köln 2011

Shih (2011) - Shih, Clara: The facebook era, 2. Auflage, Boston: Pearson Education Verlag 2011

Töpfer (2008) - Töpfer, Armin: Handbuch Kundenmanagement, 3. Auflage, Springer Verlag: Berlin 2008

Walsh/Klee/Kilian (2009) - Walsh, Gianfranco; Klee, Alexander; Kilian, Thomas: Marketing – Eine Einführung auf der Grundlage von Case Studies, 1. Auflage, Springer Verlag: Heidelberg 2009

Weinberg (2011) - Weinberg, Tamar: Social Media Media Marketing – Strategien für Twitter, Facebook & Co, 2. Auflage, O'Reilly Verlag: Köln 2011

Zerfaß/Boelter (2005) - Zerfaß, Ansgar; Boelter, Dietrich: Die neuen Meinungsmacher, 1. Auflage, Nausner & Nausner: Graz 2005

Zeitschriftenverzeichnis

Absatzwirtschaft (1996) - Absatzwirtschaft: Was leisten Kundenclubs?, Ausgabe Nr. 5, o.V.,14. Mai 1996

Baas (1999) - Baas, Brigite: Kundenbindung: Kundenkarten mit Zusatznutzen, Zeitschrift acquisa 1/99

Diller (1996) - Diller, Herrmann: Kundenbindung als Marketingziel, Marketing – ZFP, Heft 2, 2. Quartal 1996

Holz/Tomczak (1996) - Holz, Stefan/Tomczak, Torsten (1996): Kundenclubs als Kundenbindungsinstrument - Hinweise zur Entwicklung erfolgreicher Clubkonzepte, Thexis-Fachbericht 96/2

Shostack (1987) – Shostack, Albert: Service Positioning through Structural Change. The Journal of Marketing, Ausgabe 51(1), 2008

Sieben/Fürst (2003) - Sieben, Frank; Fürst, Andreas; Homburg, Christian: Kundenrückgewinnung: Willkommen zurück!, Harvard Business Manager 12/2003

Internetquellenverzeichnis

Afp/lw (2011) - afp/lw: Facebook verrät Werbekunden alles, 7. November 2011, URL: http://www.morgenpost.de/wirtschaft/article103246281/Facebook-verraet-Werbekunden-alles.html (Abgerufen 16. Mai 2012)

Alexa (2012) - Alexa: Top Sites: The top 500 sites on the web, 1. Mai 2012, o.V., URL: http://www.alexa.com/topsites/ (Abgerufen am 1. Mai 2012)

Arns (2012) - Arns, Tobias: Die Hälfte der deutschen Unternehmen setzt soziale Medien ein, 9. Mai 2012, URL: http://www.bitkom.org/de/presse/8477_72123.aspx (Abgerufen am 13. Mai 2012)

Aßmann (2012) - Aßmann, Stefanie: Masterarbeit zu Beschwerdemanagement auf Facebook von Dominique Zingg, 15. Januar 2012, URL: http://social-media-monitoring.blogspot.de/2012/01/masterarbeit-zu-beschwerdemanagement.html (Abgerufen am 17. Mai 2012)

Awbrey/Sequeira (2001) – Awbrey, Natalie; Sequeira, Alicia: Apple Presents iPod, 23. Oktober 2001, http://www.apple.com/pr/library/2001/10/23Apple-Presents-iPod.html (Abgerufen am 29. April 2012)

Banger (2011) - Banger, Jo: Die Facebook-Welt: enger vernetzt als die reale Welt, 22. November 2011, URL: http://heise.de/-1382686 (Abgerufen am 9. Juni 2012)

BigBrotherAwards Deutschland (2006) - BigBrotherAwards Deutschland: Preisträger der Kategorie "Business und Finanzen", 28. August 2006, o.V., URL: http://www.bigbrotherawards.de/2000/.com (Abgerufen am 7. Mai 2012)

Blodget (2009) - Blodget, Henry: Twitter Sells $3 Million Of Computers For Dell, 12. Juni 2009, URL: http://www.businessinsider.com/henry-blodget-twitter-sells-3-million-of-computers-for-dell-2009-6 (Abgerufen am 1. Mai 2012)

Böhner (2012) - Böhner, Dörte: Location Based Services?, Böhner, Dörte, 20. Mai 2012, URL: http://bibliothekarisch.de/blog/2012/04/20/location-based-services/ (Abgerufen am 6. Juni 2012)

Bovensiepen/Müller (2011) - Bovensiepen, Gerd; Müller, Christina: Chatten, Posten, Twittern - Kundenbindung im Zeitalter von Social Media, Juli 2011, URL: http://www.pwc.de/de_DE/de/handel-und-konsumguter/assets/pwc_social_media.pdf (Abgerufen am 11. Mai 2012)

Cornelsen (2001) Cornelsen, Jens: Kundenwertanalysen im Beziehungsmarketing, 2001, URL: http://www.absatzwirtschaft.de/pdf/sf/kundenwertanalysen.pdf (Abgerufen am 16. Mai 2012)

CPWISSEN (2011) - CPWISSEN: Nachgefragt "Im Prinzip ist der YouTube Brand Channel kostenlos, allerdings...", 14. Mai 2011, http://www.cpwissen.de/Audio-Video/items/auf-youtube-wirken-unternehmensvideos-viel-emotionaler-2111.html (Abgerufen am 1. Mai 2012)

Del Pino (2011) - del Pino, José Matías: f-Commerce – Vier Kennzeichen eines misslungenen Facebook-Shops, 2. September 2011, URL: http://allfacebook.de/wp-content/uploads/2011/09/whitepaper-facebook-shops.pdf (Abgerufen am 19. Mai 2012)

Deutsche Bahn AG (o.J) - Deutsche Bahn AG: Deutsche Bahn, o.J., http://twitter.com/#!/db_info (Abgerufen am 1. Mai 2012)

Earlybird Venture Capital (o.J.) - Earlybird Venture Capital GmbH & Co. KG, o. J.,Facebook Statistics by country, URL: http://www.socialbakers.com/facebook-statistics/?ref=article (Abgerufen am 11. Mai 2012)

eBizMBA (2012) - eBizMBA: Top 15 Most Popular Social Networking Sites | Mai 2012, Mai 2012, URL: http://www.ebizmba.com/articles/social-networking-websites (Abgerufen 1. Mai 2012)

eMarketer (2011) - eMarketer: How Well Is Social Media Fitting into the Marketing Mix, 25 Februar 2011, http://www.emarketer.com/Articles/Print.aspx?R=1008251 (Abgerufen am 20. Mai 2012)

Facebook (o.J.) – Facebook: Umfrage auf Facebook, o.J., o.V., URL: https://apps.facebook.com/umfragen/ (Abgerufen am 2. Juni 2012)

Fliege (2010) - Fliege, Roland: Facebook-Marketing Controlling: Die Social Media Balanced Scorecard (SMBC), Juli 2010, URL: http://allfacebook.de/wp-content/uploads/2010/07/smbc.pdf (Abgerufen am 20. Mai 2012)

Fliege (2011) - Fliege, Roland: 24/7 Monitoring - Möglichkeiten & Grenzen, April 2011, URL: http://rolandfiege.com/SMWB/wp-content/uploads/2011/04/Roland-Fiege-24-7-Monitoring-Moeglichkeiten-Grenzen.pdf (Abgerufen am 13. Mai 2012)

Fogelmann (o.J.) - Fogelmann, Francoise Soulié: Social-Network-Analysen im Web-2.0-Marketing, o.J, URL: http://www.e-commerce-magazin.de/ecm/news/social-network-analysen-im-web-20-marketing (Abgerufen am 13. Mai 2012)

Geldner (2011) - Geldner, Andreas: 100 Milliarden für Facebook, 30. November 2011, http://www.fr-online.de/wirtschaft/boersengang-100-milliarden-fuer-facebook,1472780,11238202.html (Abgerufen am 14. Mai 2012)

Griffel/Foster (2010) - Griffel, Sandra; Foster, Nadine: Monitoring Social Media: Erfolge sichtbar machen – Trends erkennen, Juni 2010, URL: http://www.denkwerk.com/extra/media/dw_Social_Media_01_Monitoring.pdf (Abgerufen am 27. Mai 2012)

Gugel (2012) - Gugel, Bertram: Onlinevideo- und TV-Markt: Eine Branche verändert sich, 4. Januar 2012, URL: http://netzwertig.com/2012/01/04/onlinevideo-und-tv-markt-eine-branche-verandert-sich/ (Abgerufen am 1. Mai 2012)

Heller/Parasnis (2011) - Heller, Carolyn; Parasnis, Gautam: From social media to Social CRM What customers want, 2011 URL: ftp://public.dhe.ibm.com/common/ssi/ecm/en/gbe03391usen/GBE03391USEN.PDF (Abgerufen am 11. Mai 2012)

Henning (2009) - Henning, Jeffrey: TNS Customer Loyalty Index, 17. August 2009, URL: http://digg.com/newsbar/topnews/TNS_Customer_Loyalty_Index (Abgerufen am 17. Mai 2012)

Hohnsbehn (2012) - Hohnsbehn, Robert: "Kunden helfen Kunden"-Ansätze im Kundenservice, 22. Januar 2012, URL: http://labormum.com/2012/01/22/kunden-helfen-kunden-ansatze-im-kundenservice/ (Abgerufen am 24. April 2012)

Infohammer (2012) - Infohammer: Über Nacht zum Milliardär – Die Geschichte von YouTube, o.V., 19. Oktober 2008, URL: http://www.infohammer.de/uber-nacht-zum-milliardar-die-geschichte-von-youtube/ (Abgerufen am 1. Mai 2012)

Kenning (o.J.) - Kenning, Peter: Gabler Wirtschaftslexikon: Stichwort Kundenclub, o.J., URL: http://wirtschaftslexikon.gabler.de/Archiv/12415/kundenclub-v4.html (Abgerufen am 7. Mai 2012)

Kirchgeorg (2012) - Kirchgeorg, Manfred: Kundenorientierung, 2012, URL: http://wirtschaftslexikon.gabler.de/Archiv/5599/kundenorientierung-v5.html (Abgerufen am 14. Mai 2012)

Kohlmann (2012a) - Kollmann, Tobias: Blog, 2012, URL: http://wirtschaftslexikon.gabler.de/Archiv/80687/blog-v9.html (Abgerufen 24. Mai 2012)

Kohlmann (2012b) - Kollmann, Tobias: RSS, 2012, URL: http://wirtschaftslexikon.gabler.de/Archiv/80688/rss-v6.html (Abgerufen 24. Mai 2012)

Kundekunde (2012) - Kundekunde: Kundenservice via twitter – Teil 1: Telekom & andere Positivbeispiele, 17. Mai 2010, URL: http://www.kundenkunde.de/2010/05/kundenservice-per-twitter-teil-1-telekom-andere-positivbeispiele/ (Abgerufen am 30. Mai 2012)

Lummer (2012) - Lummer, Achim: Der Marketing-Mix in der Social Media Welt, 4. März 2012, URL: http://www.produktmanager-blog.de/der-marketing-mix-in-der-social-media-welt/ (Abgerufen am 13. Mai 2012)

Mashable (2011) - Mashable: Votes/Up-and-Coming Social Media Service, Dezember 2011, o.V., URL http://mashable.com/follow/contests/mashable-awards-2011/category/up-and-coming-social-media-service/ (Abgerufen am 06. Mai 2012)

Meyer (2010) - Meyer, Rainer: Marketing 2.0: Von der Push-Strategie zur Pull-Strategie, 4. Januar 2010, URL: http://www.train-und-coach.de/marketing-2-0-von-der-push-strategie-zur-pull-strategie.html (Abgerufen am 6. Juni 2012)

Morhard (o.J.) - Morhard, Carlo: Kundenrückgewinnung, o.J., URL: http://www.churn.eu/kundenr%C3%BCckgewinnung/ (Abgerufen am 16. Mai 2012)

Neu (2011) - Neu, Matthias: Empirische Studie zum Thema „Kundenrückgewinnung", 25. Februar 2011, URL: http://idw-online.de/de/news410879 (Abgerufen am 17. Mai 2012)

Neumann (2011) - Neumann, Anja: Potential der Kundenbindung auf Facebook, März 2011, URL: http://allfacebook.de/wp-content/uploads/2011/03/Kundenbindung_auf_Facebook.pdf (Abgerufen am 24. Mai 2012)

Nielsen (2012) - Nielsen: Trust in Advertising, Mai 2012, URL: http://www.nielsen.com/content/dam/corporate/us/en/reports-downloads/2012-Reports/global-trust-in-advertising-2012.pdf (Abgerufen am 26. Mai 2012)

N-TV (2010) N-TV: Lukratives Geschäft: Amex krallt sich Payback, 16. Dezember 2010, o.V., URL: http://www.n-tv.de/wirtschaft/Amex-krallt-sich-Payback-article2170191.html (Abgerufen am 7. Mai 2012)

NZZ Online (2012) - NZZ Online: Twitter wird sechs und wächst weiter, 21. März 2012, URL: http://www.nzz.ch/nachrichten/digital/twitter_wachstum_merkel_dorsey_1.15999106.html (Abgerufen am 1. Mai 2012)

objective partner (2011) objective partner: Kundenabwanderung reduzieren, Juni 2011, o.V., URL: http://www.objective-partner.de/domain-de/www.objective-partner.de/content/e4586/e4587/e6854/file/blob_html?key=file&lang=ger (Abgerufen am 13. Mai 2012)

Owang/Lovett (2010) - Owang, Jeremiah; Lovett, John: Social Marketing Analytics: A New Framework for Measuring Results in Social Media, 22. April 2010, URL: http://www.busi.mun.ca/lwetsch/b6042/includes/Prep/Class%2022%20-%20Nov%2024/Social%20Marketing%20Analytics.pdf (Abgerufen am 23. Mai 2012)

Paetzel (2011) - Paetzel, Andre: Social Media und DAX Vorstände – zwei Welten prallen aufeinander, 15. August 2011, URL: http://www.deutschemarkenarbeit.de/2011/08/15/social-media-und-dax-vorstande-zwei-welten-prallen-aufeinander/ (Abgerufen am 14. Mai 2012)

Page (2012) - Page, Arthur: The Economics of the Socially Engaged Enterprise, März 2012, URL: http://www.pulsepointgroup.com/staging.pulsepoint/wp-content/uploads/2012/03/AP-Presentation-3_22_12-final.pdf (Abgerufen am 20. Mai 2012)

Payback (2012a) - Payback: Anmeldung (PAYBACK Karten), 2012, o.V., URL: http://www.payback.de/pb/id/21334/ (Abgerufen am 7. Mai 2012)

Payback (2012b) - Payback: Vorteile für Unternehmen, o.J., o.V., URL: http://www.payback.net/de/leistungen/ (Abgerufen am 7. Mai 2012)

Penkert/Schlereth/Funk/Lichter (2010) - Penkert, Andreas; Schlereth, Johanna; Funk, Jutta; Lichter, Rolf: Kundenservice der Zukunft.Mit Social Media und Self Services zur neuen Autonomie des Kunden., August 2010, URL: http://www.crm-finder.ch/fileadmin/Daten/PDF/Detecon_Studie_Kundenservice_der_Zukunft.pdf (Abgerufen am 11. Mai 2012)

Perfect Score AG (2012) - Perfect Score AG: Die Herausforderung: Mitgliederfluktuation senken,2012, o.V., URL: http://www.perfectgym.de/index.php?id=7 (Abgerufen am 16. Mai 2012)

Radünz (2011) - Radünz, Anna-Lena: Social-Media Erfolgsmessung, 19. Oktober 2011, URL: http://www.metapeople.com/uploads/media/praesentationen/12102011_medienkongress_social_media_erfolgsmessung.pdf (Abgerufen am 27. Mai 2012)

Recklies (2012) - Recklies, Oliver: Kundenbindung durch Kundenclub und Kundenkarte, April 2001, URL: http://www.themanagement.de/pdf/Kundenkarte.PDF (Abgerufen am 7. Mai 2012)

Reiner/Sommer/Asendorf/Ehm/Herzer/Jakobek (2006) - Reiner, Beate; Sommer, Dominik; Asendorf, Sabrina; Ehm, Cornelia; Herzer, Anja; Jakobek, Michael: Kundenorientierung: Eine Analyse bei Dienstleistern in der Region Stuttgart, 2006, URL: http://www.stuttgart.ihk24.de/linkableblob/979498/.4./data/Kundenorientierung_von_Dienstleistern-data.pdf (Abgerufen am 16. Mai 2012)

Sarner/Thompson (2011) - Sarner, Adam; Thompson, Ed; Davies, Jim; Drakos, Nikos; Flecher, Chris; Mann, Jeffry; Maoz, Michael: Gartner Magic Quadrant for Social CRM, 25. Juli 2011, URL: http://www.slideshare.net/fred.zimny/gartner-magic-quadrabt-social-crm-2011 (Abgerufen am 25. Mai 2012)

Schmidt (2012) - Schmidt, Holger: Twitter durchbricht die 4-Millionen-Marke in Deutschland, 24. Mai 2012, URL: http://www.focus.de/digital/internet/netzoekonomie-blog/social-media-twitter-durchbricht-die-4-millionen-marke-in-deutschland_aid_740627.html (Abgerufen 1. Mai 2012)

Schwend (2011) – Schwend, Andreas: Potenziale und Erfolgsmessung von Multichannel-Retailing-Strategien, 21. September 2011, URL: http://www.email-marketing-forum.de/Fachartikel/details/Potenziale-und-Erfolgsmessung-von-Multichannel-Retailing-Strategien/31979 (Abgerufen am 15. Mai 2012)

Schwenk (2007) - Schwenk, Marion: BMC Churn Index: Die Deutschen sind unter den Spitzenreitern im Anbieterwechsel, 21. Februar 2007, URL: http://www.bmc.com/de-DE/news/press-releases/2007-archive/75534500-02271.html (Abgerufen am 16. Mai 2012)

Shedden (2010) - Shedden, David: New Media Timeline (1997), 16. Dezember 2010, URL: http://www.poynter.org/uncategorized/28778/new-media-timeline-1997/ (Abgerufen 24. Mai 2012)

Sjurts (2011) - Sjurts, Insa: Soziale Medien, 2011, URL: http://wirtschaftslexikon.gabler.de/Archiv/569839/soziale-medien-v2.html (Abgerufen am 5. Juni 2012)

Slutsky (2011) - Slutsky, Irina: Facebook Test Mines Real-Time Conversations for Ad Tarketing, 23. März 2011, URL: http://adage.com/article/digital/facebook-test-mines-real-time-conversations-ad-targeting/149531/ (Abgerufen am 25. April 2012)

SocialBakers (2012) - SocialBakers: Facebook Statistics by Country, 2012, o.V., URL: http://www.socialbakers.com/facebook-statistics/ (Abgerufen am 8. Juni 2012)

Statistisches Bundesamt (2012) - Statistisches Bundesamt: Bevölkerung, 2012, URL: https://www.destatis.de/DE/ZahlenFakten/Indikatoren/LangeReihen/Bevoelkerung/lrbev03.html?nn=50732 (Abgerufen am 11. Mai 2012)

Stauss (2001) - Stauss, Bernd: Kundenclubs, 3. September 2001, URL: http://www.competence-site.de/downloads/1f/a5/i_file_28379/Kundenclubs.pdf (Abgerufen am 8. Mai 2012)

Stelzner (2012) - Stelzner, Michael A.: 2012 SOCIAL MEDIA MARKETING INDUSTRY REPORT: How Marketers Are Using Social Media to Grow Their Businesses, Mai 2012, URL: http://www.socialmediaexaminer.com/ SocialMediaMarketingIndustryReport2012.pdf (Abgerufen am 1. Mai 2012)

SurveyMonkey (2012) – SurveyMonkey: Facebook-Umfragen: Betten Sie Ihre Umfragen mit unserer Facebook-Anwendung ein, 2012, o.V., URL: http://de.surveymonkey.com/mp/lp/facebook/ (Abgerufen am 2. Juni 2012)

TNS Emnid (2010) - TNS Emnid: Bonusprogramme in Deutschland, Mai 2010, o.V., URL http://www.loyaltypartner.com/fileadmin/bilder_lp/Presse/Studien/Emnid_Studie_2010.pdf (Abgerufen am 6. Mai 2012)

Twitter (2012) - Twitter: Der schnellste und einfachste Weg, um Deinen Interessen nahe zu sein., o.V., 2012, URL: http://twitter.com/about (Abgerufen am 30. Mai 2012)

Van Eimeren/Frees (2011) - van Eimeren, Birgit; Frees, Beate: Drei von vier Deutschen im Netz – ein Ende des digitalen Grabens in Sicht?, August 2011, URL: http://www.ard-zdf-onlinestudie.de/fileadmin/Online11/EimerenFrees.pdf (Abgerufen am 11. Mai 2012)

Vodafone D2 GmbH (o.J.) - Vodafone D2 GmbH:Tutorials/Anleitungen von Vodafone Deutschland, o.V., o.J,
URL: http://www.youtube.com/playlist?list=PL68E369621949185F (Abgerufen am 2. Mai 2012)

Wong (2008) - Wong, Yishan (2008) – Facebook around the world., 13. Februar 2008, Yishan Wong, URL: http://blog.facebook.com/blog.php?post=10056937130 (Abgerufen am 9. Juni 2012)

Zienczyk (2012) - Zienczyk, Fabian: 15 Millionen Leute nutzen Facebook-Währung "Credits", 11. März 2012, URL: http://www.hardwareluxx.de/index.php/news/allgemein/wirtschaft/21777-15-millionen-leute-nutzen-facebook-waehrung-qcreditsq.html (Abgerufen am 17. Mai 2012)

Zipper (2009) - Zipperer, Stefan: Kundenloyalität vs. Kundenbindung, 9. April 2009, URL: http://www.loyalty.de/360/kundenloyalitat-vs-kundenbindung/ (Abgerufen am 17. Mai 2012)